Sabor Saludable

Recetas Bajas en Sodio al Estilo Dash

Ana García

Indice

Salteado de mostaza verde 12

Mezcla de bok choy 13

Mezcla de judías verdes y berenjenas 14

Mezcla de aceitunas y alcachofas 15

Dip de pimienta y cúrcuma 16

Crema de lentejas 17

Nueces Tostadas 18

Cuadrados de arándanos 19

barras de coliflor 20

Tazones de almendras y semillas 21

Patatas fritas 22

Salsa de col rizada 23

Chips de remolacha 24

Salsa de calabacín 25

Mezcla de semillas y manzanas. 26

Crema De Calabaza 27

Crema de espinacas 28

Salsa De Aceitunas Y Cilantro 29

Dip de cebollino y remolacha 30

Salsa De Pepino 31

Salsa de garbanzos 32

salsa de oliva 33

Dip de cebolla y coco 34

Dip de piñones y coco 35

Salsa de rúcula y pepino 36
Dip de queso 37
Dip de pimentón y yogur 38
Salsa De Coliflor 39
Crema de camarones 40
Salsa De Durazno... 41
chips de zanahoria 42
Bocaditos de espárragos 43
Cuencos de higos al horno 44
Salsa de repollo y camarones.. 45
Cuartos de abogados 46
Salsa De Limón 47
Salsa de camote 48
Salsa De Frijoles 49
Salsa De Judías Verdes 50
Crema de zanahoria 51
salsa de tomate 52
tazones de salmón 53
Salsa de tomate y maíz 54
Champiñones Al Horno 55
Crema de frijoles... 56
Salsa De Cilantro Y Hinojo 57
Bocaditos de coles de Bruselas 58
Bocaditos de nueces balsámicas... 59
Chips de rábano 60
Ensalada de puerros y gambas.. 61
Salsa de puerros.. 62

Ensalada de pimientos	63
Crema de aguacate	64
salsa de maiz	65
barras de frijoles	66
Mezcla de semillas de calabaza y chips de manzana.	67
Dip de tomate y yogur	68
Tazones de remolacha de cayena	69
Tazones de nueces y nueces	70
Muffins De Salmón Y Perejil	71
bolas de calabaza	72
Tazones De Cebolla Perla Y Queso	73
barras de brócoli	74
Salsa De Piña Y Tomate	75
Mixto de pavo y alcachofas	76
Mezcla de pavo y orégano	77
Pollo naranja	78
Pavo con ajo y champiñones	80
Cazuela De Pollo Y Aceitunas	81
Mezcla balsámica de pavo y duraznos	82
Pollo Al Coco Y Espinacas	83
Mezcla de pollo y espárragos	85
Cremoso De Pavo Y Brócoli	86
Judías verdes mixtas con pollo y eneldo	87
Calabacín con pollo y chile	89
Mixto de aguacate y pollo	91
Pavo y bok choy	92
Mezcla de pollo con cebolla morada	93

Pavo caliente y arroz 94

Puerro al limón y pollo 96

Pavo con mezcla de col rizada 97

Pollo Con Cebolleta Y Pimentón 99

Salsa de pollo y mostaza 101

Mezcla de pollo y apio 102

Pavo a la lima con patatas baby 103

Pollo Verde Mostaza 105

Pollo al horno y manzanas 107

Pollo Chipotle 109

Pavo con hierbas 111

Salsa de pollo y jengibre 113

Pollo y Maíz 114

Curry de pavo y quinua 115

Chirivías de pavo y comino 116

Garbanzos con Pavo y Cilantro 117

Pavo con Frijoles y Aceitunas 119

Quinoa con pollo y tomate 120

Alitas de pollo especiadas 121

Pollo y guisantes 122

Mezcla de pollo y lentejas 123

Pollo y coliflor 124

Sopa de tomate y zanahoria y albahaca 126

Cerdo con batatas 127

Sopa De Trucha Y Zanahoria 128

Estofado de pavo e hinojo 129

sopa de berenjena 130

Crema de boniato 131

Sopa De Pollo Y Champiñones 132

Sartén De Salmón Y Lima 134

Ensalada de papas 135

Sartén de carne molida y tomate 137

Ensalada de camarones y aguacate 138

crema de brócoli 139

Sopa de repollo 140

Sopa de apio y coliflor 141

Sopa De Cerdo Y Puerro 142

Ensalada De Camarones Y Brócoli A La Menta 143

Sopa De Camarones Y Bacalao 145

Camarones mixtos y cebollas verdes 146

guiso de espinacas 147

Mezcla de coliflor al curry 148

Guiso de zanahoria y calabacín 149

Estofado de repollo y judías verdes 151

Sopa De Champiñones Y Chile 152

cerdo con chile 154

Ensalada de champiñones con pimentón y salmón 155

Mezcla de garbanzos y patatas 157

Mezcla de pollo al cardamomo 159

Chile De Lentejas 161

Recetas de guarniciones de la dieta Dash 163

Endibias al romero 164

Endibias al limón 165

Espárragos con pesto 166

Zanahorias Pimentón	167
Cazuela Cremosa De Patatas	168
col de sésamo	169
Brócoli con cilantro	170
Coles de Bruselas con chile	171
Coles de Bruselas mixtas y cebollas verdes	172
Puré de coliflor	173
Ensalada de aguacate	174
Ensalada de rábano	175
Ensalada de escarola al limón	176
Mezcla de aceitunas y maíz	177
Ensalada de rúcula y piñones	178
Almendras y espinacas	179
Ensalada De Judías Verdes Y Maíz	180
Ensalada de escarola y col rizada	181
Ensalada de edamames	182
Ensalada de uvas y aguacate	183
Berenjenas mixtas con orégano	184
Mezcla de tomate al horno	185
Hongos al tomillo	186
Salteado de espinacas y maíz	187
Salteado de Maíz y Cebolleta	188
Ensalada de espinacas y mango	189
Patatas A La Mostaza	190
Coles de Bruselas con coco	191
Zanahorias salvia	192
Champiñones al ajillo y maíz	193

Judías verdes con pesto	194
Tomates Estragón	195
Remolachas con almendras	196
Tomates con menta y maíz	197
Salsa de calabacín y aguacate	198
Mezcla de manzanas y repollo	199
Remolachas Asadas	200
repollo eneldo	201
Ensalada de repollo y zanahoria	202
Salsa de tomate y aceitunas	203
ensalada de calabacín	204
Ensalada De Zanahoria Al Curry	205
Ensalada de lechuga y remolacha	206
Rábano a las finas hierbas	207
Mezcla de hinojo al horno	208
Morrones asados	209
Salteado de dátiles y repollo	210
Frijoles negros mixtos	211
Mix de aceitunas y escarola	212
Ensalada de tomate y pepino	213

Salteado de mostaza verde

Tiempo de preparación: 10 minutos
Tiempo de cocción: 12 minutos
Porciones: 4

Ingredientes:
- 6 tazas de hojas de mostaza
- 2 cucharadas de aceite de oliva
- 2 cebolletas, picadas
- ½ taza de crema de coco
- 2 cucharadas de pimentón dulce
- Pimienta negra al gusto

Direcciones:
1. Calienta una sartén con el aceite a fuego medio-alto, agrega la cebolla, el pimentón y la pimienta negra, revuelve y saltea por 3 minutos.
2. Agrega las hojas de mostaza y los demás ingredientes, mezcla, cocina por otros 9 minutos, divide en platos y sirve como guarnición.

Nutrición: calorías 163, grasas 14,8, fibra 4,9, carbohidratos 8,3, proteínas 3,6

Mezcla de bok choy

Tiempo de preparación: 10 minutos
Tiempo de cocción: 12 minutos
Porciones: 4

Ingredientes:
- 1 cucharada de aceite de aguacate
- 1 cucharada de vinagre balsámico
- 1 cebolla amarilla, picada
- 1 libra de bok choy, desmenuzado
- 1 cucharadita de comino molido
- 1 cucharada de aminoácidos de coco
- ¼ de taza de caldo de verduras bajo en sodio
- Pimienta negra al gusto

Direcciones:
1. Calienta una sartén con el aceite a fuego medio-alto, agrega la cebolla, el comino y la pimienta negra, revuelve y cocina por 3 minutos.
2. Agrega el bok choy y los demás ingredientes, mezcla, cocina de 8 a 9 minutos más, divide en platos y sirve como guarnición.

Nutrición: calorías 38, grasas 0,8, fibra 2, carbohidratos 6,5, proteínas 2,2

Mezcla de judías verdes y berenjenas

Tiempo de preparación: 4 minutos
Tiempo de cocción: 40 minutos
Porciones: 4

Ingredientes:
- 1 libra de judías verdes, peladas y cortadas por la mitad
- 1 berenjena pequeña, cortada en trozos grandes
- 1 cebolla amarilla, picada
- 2 cucharadas de aceite de oliva
- 2 cucharadas de jugo de lima
- 1 cucharadita de pimentón ahumado
- ¼ de taza de caldo de verduras bajo en sodio
- Pimienta negra al gusto
- ½ cucharadita de orégano, seco

Direcciones:
1. En una fuente para asar, combine las judías verdes con la berenjena y otros ingredientes, mezcle, coloque en el horno, cocine a 390 grados F durante 40 minutos, divida en platos y sirva como guarnición.

Nutrición: calorías 141, grasas 7,5, fibra 8,9, carbohidratos 19, proteínas 3,7

Mezcla de aceitunas y alcachofas

Tiempo de preparación: 5 minutos
Tiempo de cocción: 0 minutos
Porciones: 4

Ingredientes:
- 10 onzas de corazones de alcachofa enlatados, sin sal agregada, escurridos y cortados por la mitad
- 1 taza de aceitunas negras, deshuesadas y en rodajas
- 1 cucharada de alcaparras, escurridas
- 1 taza de aceitunas verdes, deshuesadas y en rodajas
- 1 cucharada de perejil, picado
- Pimienta negra al gusto
- 2 cucharadas de aceite de oliva
- 2 cucharadas de vinagre de vino tinto
- 1 cucharada de cebollino, picado

Direcciones:
1. En una ensaladera combinar las alcachofas con las aceitunas y los demás ingredientes, mezclar y servir como guarnición.

Nutrición: calorías 138, grasas 11, fibra 5,1, carbohidratos 10, proteínas 2,7

Dip de pimienta y cúrcuma

Tiempo de preparación: 4 minutos
Tiempo de cocción: 0 minutos
Porciones: 4

Ingredientes:
- 1 cucharadita de cúrcuma en polvo
- 1 taza de crema de coco
- 14 onzas de pimientos rojos, sin sal agregada, picados
- Jugo de ½ limón
- 1 cucharada de cebollino, picado

Direcciones:
1. En tu licuadora, combina los pimientos con la cúrcuma y los demás ingredientes excepto el cebollino, mezcla bien, divide en tazones y sirve como refrigerio con el cebollino espolvoreado encima.

Nutrición: calorías 183, grasas 14,9, fibra 3. carbohidratos 12,7, proteínas 3,4

Crema de lentejas

Tiempo de preparación: 5 minutos
Tiempo de cocción: 0 minutos
Porciones: 4

Ingredientes:
- 14 onzas de lentejas enlatadas, escurridas, sin sal agregada y enjuagadas
- Jugo de 1 limón
- 2 dientes de ajo, picados
- 2 cucharadas de aceite de oliva
- ½ taza de cilantro, picado

Direcciones:
1. En una licuadora, combine las lentejas con el aceite y otros ingredientes, mezcle bien, divida en tazones y sirva para untar.

Nutrición: calorías 416, grasas 8,2, fibra 30,4, carbohidratos 60,4, proteínas 25,8

Nueces Tostadas

Tiempo de preparación: 5 minutos
Tiempo de cocción: 15 minutos
Porciones: 8

Ingredientes:
- ½ cucharadita de pimentón ahumado
- ½ cucharadita de chile en polvo
- ½ cucharadita de ajo en polvo
- 1 cucharada de aceite de aguacate
- Una pizca de pimienta de cayena
- 14 onzas de nueces

Direcciones:
1. Extienda las nueces en una bandeja para hornear forrada con papel pergamino, agregue el pimentón y otros ingredientes, mezcle y hornee a 410 grados F durante 15 minutos.
2. Dividir en tazones y servir como refrigerio.

Nutrición: calorías 311, grasas 29,6, fibra 3,6, carbohidratos 5,3, proteínas 12

Cuadrados de arándanos

Tiempo de preparación: 3 horas y 5 minutos

Tiempo de cocción: 0 minutos
Porciones: 4

Ingredientes:
- 2 onzas de crema de coco
- 2 cucharadas de avena
- 2 cucharadas de coco rallado
- 1 taza de arándanos

Direcciones:
1. En una licuadora combina la avena con los arándanos y los demás ingredientes, mezcla bien y extiende en un molde cuadrado.

Cortar en cuadritos y refrigerar por 3 horas antes de servir.

Nutrición: calorías 66, grasas 4,4, fibra 1,8, carbohidratos 5,4, proteínas 0,8

barras de coliflor

Tiempo de preparación: 10 minutos
Tiempo de cocción: 30 minutos
Porciones: 8

Ingredientes:
- 2 tazas de harina integral
- 2 cucharaditas de levadura
- Una pizca de pimienta negra
- 2 huevos batidos
- 1 taza de leche de almendras
- 1 taza de floretes de coliflor, picados
- ½ taza de queso cheddar bajo en grasa, rallado

Direcciones:
1. En un bol, combine la harina con la coliflor y los demás ingredientes y mezcle bien.
2. Extienda en una fuente para horno, colóquelo en el horno, hornee a 400 grados F durante 30 minutos, córtelo en barras y sirva como refrigerio.

Nutrición: calorías 430, grasas 18,1, fibra 3,7, carbohidratos 54, proteínas 14,5

Tazones de almendras y semillas

Tiempo de preparación: 5 minutos
Tiempo de cocción: 10 minutos
Porciones: 4

Ingredientes:
- 2 tazas de almendras
- ¼ de taza de coco rallado
- 1 mango, pelado y cortado en cubos
- 1 taza de semillas de girasol
- Spray para cocinar

Direcciones:
1. Extienda las almendras, el coco, el mango y las semillas de girasol en una bandeja para hornear, engrase con aceite en aerosol, revuelva y hornee a 400 grados F durante 10 minutos.
2. Dividir en tazones y servir como refrigerio.

Nutrición: calorías 411, grasas 31,8, fibra 8,7, carbohidratos 25,8, proteínas 13,3

Patatas fritas

Tiempo de preparación: 10 minutos
Tiempo de cocción: 20 minutos
Porciones: 4

Ingredientes:
- 4 papas doradas, peladas y cortadas en rodajas finas
- 2 cucharadas de aceite de oliva
- 1 cucharada de chile en polvo
- 1 cucharadita de pimentón dulce
- 1 cucharada de cebollino, picado

Direcciones:
1. Extienda las papas fritas en una bandeja para hornear forrada con papel de horno, agregue el aceite y los demás ingredientes, mezcle, coloque en el horno y hornee a 390 grados F durante 20 minutos.
2. Dividir en tazones y servir.

Nutrición: calorías 118, grasas 7,4, fibra 2,9, carbohidratos 13,4, proteínas 1,3

Salsa de col rizada

Tiempo de preparación: 10 minutos
Tiempo de cocción: 20 minutos
Porciones: 4

Ingredientes:
- 1 manojo de hojas de col rizada
- 1 taza de crema de coco
- 1 chalota, picada
- 1 cucharada de aceite de oliva
- 1 cucharadita de chile en polvo
- Una pizca de pimienta negra

Direcciones:
1. Calienta una sartén con el aceite a fuego medio, agrega las chalotas, revuelve y fríe por 4 minutos.
2. Agrega la col rizada y otros ingredientes, lleva a ebullición y cocina a fuego medio durante 16 minutos.
3. Licue con una batidora de mano, divida en tazones y sirva como refrigerio.

Nutrición: calorías 188, grasas 17,9, fibra 2,1, carbohidratos 7,6, proteínas 2,5

Chips de remolacha

Tiempo de preparación: 10 minutos
Tiempo de cocción: 35 minutos
Porciones: 4

Ingredientes:
- 2 remolachas, peladas y cortadas en rodajas finas
- 1 cucharada de aceite de aguacate
- 1 cucharadita de comino molido
- 1 cucharadita de semillas de hinojo, trituradas
- 2 cucharaditas de ajo, picado

Direcciones:
1. Extienda los chips de remolacha en una bandeja para hornear forrada, agregue el aceite y otros ingredientes, mezcle, coloque en el horno y hornee a 400 grados F durante 35 minutos.
2. Dividir en tazones y servir como refrigerio.

Nutrición: calorías 32, grasas 0,7, fibra 1,4, carbohidratos 6,1, proteínas 1,1

Salsa de calabacín

Tiempo de preparación: 5 minutos
Tiempo de cocción: 10 minutos
Porciones: 4

Ingredientes:
- ½ taza de yogur descremado
- 2 calabacines, picados
- 1 cucharada de aceite de oliva
- 2 cebolletas, picadas
- ¼ de taza de caldo de verduras bajo en sodio
- 2 dientes de ajo, picados
- 1 cucharada de eneldo, picado
- Una pizca de nuez moscada molida

Direcciones:
1. Calienta una sartén con el aceite a fuego medio, agrega la cebolla y el ajo, revuelve y saltea por 3 minutos.
2. Agrega el calabacín y los demás ingredientes excepto el yogur, mezcla, cocina por otros 7 minutos y retira del fuego.
3. Agrega el yogur, licúa con una batidora de mano, divide en tazones y sirve.

Nutrición: calorías 76, grasas 4,1, fibra 1,5, carbohidratos 7,2, proteínas 3,4

Mezcla de semillas y manzanas.

Tiempo de preparación: 10 minutos
Tiempo de cocción: 20 minutos
Porciones: 4

Ingredientes:
- 2 cucharadas de aceite de oliva
- 1 cucharadita de pimentón ahumado
- 1 taza de semillas de girasol
- 1 taza de semillas de chía
- 2 manzanas, sin corazón y cortadas en cuartos
- ½ cucharadita de comino molido
- Una pizca de pimienta de cayena

Direcciones:
1. En un tazón, combine las semillas con las manzanas y otros ingredientes, mezcle, extienda sobre una bandeja para hornear forrada, coloque en el horno y hornee a 350 grados F durante 20 minutos.
2. Dividir en tazones y servir como refrigerio.

Nutrición: calorías 222, grasas 15,4, fibra 6,4, carbohidratos 21,1, proteínas 4

Crema De Calabaza

Tiempo de preparación: 5 minutos
Tiempo de cocción: 0 minutos
Porciones: 4

Ingredientes:
- 2 tazas de pulpa de calabaza
- ½ taza de semillas de calabaza
- 1 cucharada de jugo de limón
- 1 cucharada de pasta de semillas de sésamo
- 1 cucharada de aceite de oliva

Direcciones:
1. En una licuadora, combine la calabaza con las semillas y otros ingredientes, mezcle bien, divídala en tazones y sirva como un plato festivo.

Nutrición: calorías 162, grasas 12,7, fibra 2,3, carbohidratos 9,7, proteínas 5,5

Crema de espinacas

Tiempo de preparación: 10 minutos
Tiempo de cocción: 20 minutos
Porciones: 4

Ingredientes:
- 1 libra de espinacas, picadas
- 1 taza de crema de coco
- 1 taza de mozzarella baja en grasa, rallada
- Una pizca de pimienta negra
- 1 cucharada de eneldo, picado

Direcciones:
1. En una fuente para horno, combine las espinacas con la crema y los demás ingredientes, mezcle bien, coloque en el horno y hornee a 400 grados F durante 20 minutos.
2. Dividir en tazones y servir.

Nutrición: calorías 186, grasas 14,8, fibra 4,4, carbohidratos 8,4, proteínas 8,8

Salsa De Aceitunas Y Cilantro

Tiempo de preparación: 5 minutos
Tiempo de cocción: 0 minutos
Porciones: 4

Ingredientes:
- 1 cebolla morada, picada
- 1 taza de aceitunas negras, deshuesadas y cortadas por la mitad
- 1 pepino, cortado en cubos
- ¼ de taza de cilantro, picado
- Una pizca de pimienta negra
- 2 cucharadas de jugo de lima

Direcciones:
1. En un bol combina las aceitunas con el pepino y el resto de los ingredientes, mezcla y sirve frío como snack.

Nutrición: calorías 64, grasas 3,7, fibra 2,1, carbohidratos 8,4, proteínas 1,1

Dip de cebollino y remolacha

Tiempo de preparación: 5 minutos
Tiempo de cocción: 25 minutos
Porciones: 4

Ingredientes:
- 2 cucharadas de aceite de oliva
- 1 cebolla morada, picada
- 2 cucharadas de cebollino, picado
- Una pizca de pimienta negra
- 1 remolacha, pelada y picada
- 8 onzas de queso crema bajo en grasa
- 1 taza de crema de coco

Direcciones:
1. Calienta una sartén con el aceite a fuego medio, agrega la cebolla y sofríe por 5 minutos.
2. Agrega el resto de los ingredientes y cocina por 20 minutos más, revolviendo con frecuencia.
3. Transfiera la mezcla a una licuadora, mezcle bien, divida en tazones y sirva.

Nutrición: calorías 418, grasas 41,2, fibra 2,5, carbohidratos 10, proteínas 6,4

Salsa De Pepino

Tiempo de preparación: 5 minutos
Tiempo de cocción: 0 minutos
Porciones: 4

Ingredientes:
- 1 libra de pepinos en cubitos
- 1 aguacate, pelado, sin hueso y cortado en cubos
- 1 cucharada de alcaparras, escurridas
- 1 cucharada de cebollino, picado
- 1 cebolla morada pequeña, cortada en cubos
- 1 cucharada de aceite de oliva
- 1 cucharada de vinagre balsámico

Direcciones:
1. En un bol, combine los pepinos con el aguacate y los demás ingredientes, mezcle, divida en tazas pequeñas y sirva.

Nutrición: calorías 132, grasas 4,4, fibra 4, carbohidratos 11,6, proteínas 4,5

Salsa de garbanzos

Tiempo de preparación: 5 minutos
Tiempo de cocción: 0 minutos
Porciones: 4

Ingredientes:
- 1 cucharada de aceite de oliva
- 1 cucharada de jugo de limón
- 1 cucharada de pasta de semillas de sésamo
- 2 cucharadas de cebollino, picado
- 2 cebolletas, picadas
- 2 tazas de garbanzos enlatados, sin sal agregada, escurridos y enjuagados

Direcciones:
1. En tu licuadora mezcla los garbanzos con el aceite y los demás ingredientes excepto el cebollino, mezcla bien, divide en tazones, espolvorea con cebollino y sirve.

Nutrición: calorías 280, grasas 13,3, fibra 5,5, carbohidratos 14,8, proteínas 6,2

salsa de oliva

Tiempo de preparación: 4 minutos
Tiempo de cocción: 0 minutos
Porciones: 4

Ingredientes:
- 2 tazas de aceitunas negras, deshuesadas y picadas
- 1 taza de menta, picada
- 2 cucharadas de aceite de aguacate
- ½ taza de crema de coco
- ¼ de taza de jugo de lima
- Una pizca de pimienta negra

Direcciones:
1. En tu licuadora, mezcla las aceitunas con la menta y los demás ingredientes, mezcla bien, divide en tazones y sirve.

Nutrición: calorías 287, grasas 13,3, fibra 4,7, carbohidratos 17,4, proteínas 2,4

Dip de cebolla y coco

Tiempo de preparación: 5 minutos
Tiempo de cocción: 0 minutos
Porciones: 4

Ingredientes:
- 4 cebolletas, picadas
- 1 chalota, picada
- 1 cucharada de jugo de lima
- Una pizca de pimienta negra
- 2 onzas de queso mozzarella bajo en grasa, rallado
- 1 taza de crema de coco
- 1 cucharada de perejil, picado

Direcciones:
1. En una licuadora, combine las cebolletas con la chalota y otros ingredientes, mezcle bien, divida en tazones y sirva como salsa para fiestas.

Nutrición: calorías 271, grasas 15,3, fibra 5, carbohidratos 15,9, proteínas 6,9

Dip de piñones y coco

Tiempo de preparación: 5 minutos
Tiempo de cocción: 0 minutos
Porciones: 4

Ingredientes:
- 8 onzas de crema de coco
- 1 cucharada de piñones, picados
- 2 cucharadas de perejil, picado
- Una pizca de pimienta negra

Direcciones:
1. En un bol mezclar la nata con los piñones y el resto de ingredientes, batir bien, dividir en cuencos y servir.

Nutrición: calorías 281, grasas 13, fibra 4,8, carbohidratos 16, proteínas 3,56

Salsa de rúcula y pepino

Tiempo de preparación: 5 minutos
Tiempo de cocción: 0 minutos
Porciones: 4

Ingredientes:
- 4 cebollas verdes, picadas
- 2 tomates, en cubos
- 4 pepinos, cortados en cubos
- 1 cucharada de vinagre balsámico
- 1 taza de hojas tiernas de rúcula
- 2 cucharadas de jugo de limón
- 2 cucharadas de aceite de oliva
- Una pizca de pimienta negra

Direcciones:
1. En un bol, combine las cebolletas con los tomates y otros ingredientes, mezcle, divida en tazones pequeños y sirva como refrigerio.

Nutrición: calorías 139, grasas 3,8, fibra 4,5, carbohidratos 14, proteínas 5,4

Dip de queso

Tiempo de preparación: 5 minutos
Tiempo de cocción: 0 minutos
Porciones: 6

Ingredientes:
- 1 cucharada de menta, picada
- 1 cucharada de orégano, picado
- 10 onzas de queso crema sin grasa
- ½ taza de jengibre, en rodajas
- 2 cucharadas de aminoácidos de coco

Direcciones:
1. En tu licuadora, combina el queso crema con el jengibre y otros ingredientes, mezcla bien, divide en tazas pequeñas y sirve.

Nutrición: calorías 388, grasas 15,4, fibra 6, carbohidratos 14,3, proteínas 6

Dip de pimentón y yogur

Tiempo de preparación: 5 minutos
Tiempo de cocción: 0 minutos
Porciones: 4

Ingredientes:
- 3 tazas de yogur sin grasa
- 2 cebolletas, picadas
- 1 cucharadita de pimentón dulce
- ¼ de taza de almendras picadas
- ¼ de taza de eneldo picado

Direcciones:
1. En un bol mezclar el yogur con la cebolla y los demás ingredientes, batir, dividir en boles y servir.

Nutrición: calorías 181, grasas 12,2, fibra 6, carbohidratos 14,1, proteínas 7

Salsa De Coliflor

Tiempo de preparación: 5 minutos
Tiempo de cocción: 0 minutos
Porciones: 4

Ingredientes:
- 1 libra de floretes de coliflor, blanqueados
- 1 taza de aceitunas kalamata, sin hueso y partidas por la mitad
- 1 taza de tomates cherry, cortados por la mitad
- 1 cucharada de aceite de oliva
- 1 cucharada de jugo de lima
- Una pizca de pimienta negra

Direcciones:
1. En un bol combina la coliflor con las aceitunas y el resto de ingredientes, mezcla y sirve.

Nutrición: calorías 139, grasas 4, fibra 3,6, carbohidratos 5,5, proteínas 3,4

Crema de camarones

Tiempo de preparación: 5 minutos
Tiempo de cocción: 0 minutos
Porciones: 4

Ingredientes:
- 8 onzas de crema de coco
- 1 libra de camarones, cocidos, pelados, desvenados y picados
- 2 cucharadas de eneldo, picado
- 2 cebolletas, picadas
- 1 cucharada de cilantro, picado
- Una pizca de pimienta negra

Direcciones:
1. En un bol mezclar los camarones con la crema y los demás ingredientes, batir y servir para untar.

Nutrición: calorías 362, grasas 14,3, fibra 6, carbohidratos 14,6, proteínas 5,9

Salsa De Durazno

Tiempo de preparación: 4 minutos
Tiempo de cocción: 0 minutos
Porciones: 4

Ingredientes:
- 4 duraznos, sin hueso y cortados en cubos
- 1 taza de aceitunas kalamata, sin hueso y partidas por la mitad
- 1 aguacate, sin hueso, pelado y cortado en cubos
- 1 taza de tomates cherry, cortados por la mitad
- 1 cucharada de aceite de oliva
- 1 cucharada de jugo de lima
- 1 cucharada de cilantro, picado

Direcciones:
1. En un bol, combine los duraznos con las aceitunas y otros ingredientes, mezcle bien y sirva frío.

Nutrición: calorías 200, grasas 7,5, fibra 5, carbohidratos 13,3, proteínas 4,9

chips de zanahoria

Tiempo de preparación: 10 minutos
Tiempo de cocción: 20 minutos
Porciones: 4

Ingredientes:
- 4 zanahorias, en rodajas finas
- 2 cucharadas de aceite de oliva
- Una pizca de pimienta negra
- 1 cucharadita de pimentón dulce
- ½ cucharadita de cúrcuma en polvo
- Una pizca de hojuelas de pimiento rojo

Direcciones:
1. En un bol, combine los chips de zanahoria con el aceite y los demás ingredientes y mezcle.
2. Extienda las papas fritas en una bandeja para hornear forrada, hornee a 400 grados F durante 25 minutos, divídalas en tazones y sirva como refrigerio.

Nutrición: calorías 180, grasas 3, fibra 3,3, carbohidratos 5,8, proteínas 1,3

Bocaditos de espárragos

Tiempo de preparación: 4 minutos
Tiempo de cocción: 20 minutos
Porciones: 4

Ingredientes:
- 2 cucharadas de aceite de coco, derretido
- 1 libra de espárragos, recortados y cortados por la mitad
- 1 cucharadita de ajo en polvo
- 1 cucharadita de romero, seco
- 1 cucharadita de chile en polvo

Direcciones:
1. En un tazón, mezcle los espárragos con el aceite y otros ingredientes, revuelva, extiéndalos sobre una bandeja para hornear forrada y hornee a 400 grados F durante 20 minutos.
2. Dividir en tazones y servir frío como refrigerio.

Nutrición: calorías 170, grasas 4,3, fibra 4, carbohidratos 7, proteínas 4,5

Cuencos de higos al horno

Tiempo de preparación: 4 minutos
Tiempo de cocción: 12 minutos
Porciones: 4

Ingredientes:
- 8 higos, cortados por la mitad
- 1 cucharada de aceite de aguacate
- 1 cucharadita de nuez moscada, molida

Direcciones:
1. En una fuente para hornear, mezcle los higos con el aceite y la nuez moscada, revuelva y cocine a 400 grados F durante 12 minutos.
2. Divide los higos en tazones pequeños y sírvelos como refrigerio.

Nutrición: calorías 180, grasas 4,3, fibra 2, carbohidratos 2, proteínas 3,2

Salsa de repollo y camarones

Tiempo de preparación: 5 minutos
Tiempo de cocción: 6 minutos
Porciones: 4

Ingredientes:
- 2 tazas de repollo rojo, rallado
- 1 libra de camarones, pelados y desvenados
- 1 cucharada de aceite de oliva
- Una pizca de pimienta negra
- 2 cebolletas, picadas
- 1 taza de tomates, cortados en cubos
- ½ cucharadita de ajo en polvo

Direcciones:
1. Calienta una sartén con el aceite a fuego medio, agrega los camarones, mezcla y cocina por 3 minutos de cada lado.
2. En un bol, combine el repollo con los camarones y otros ingredientes, mezcle, divida en tazones pequeños y sirva.

Nutrición: calorías 225, grasas 9,7, fibra 5,1, carbohidratos 11,4, proteínas 4,5

Cuartos de abogados

Tiempo de preparación: 5 minutos
Tiempo de cocción: 10 minutos
Porciones: 4

Ingredientes:
- 2 aguacates, pelados, sin hueso y cortados en cuartos
- 1 cucharada de aceite de aguacate
- 1 cucharada de jugo de lima
- 1 cucharadita de cilantro molido

Direcciones:
1. Extienda las rodajas de aguacate en una bandeja para hornear forrada, agregue el aceite y otros ingredientes, revuelva y hornee a 300 grados F durante 10 minutos.
2. Dividir en tazas y servir como refrigerio.

Nutrición: calorías 212, grasas 20,1, fibra 6,9, carbohidratos 9,8, proteínas 2

Salsa De Limón

Tiempo de preparación: 4 minutos
Tiempo de cocción: 0 minutos
Porciones: 4

Ingredientes:
- 1 taza de queso crema bajo en grasa
- Pimienta negra al gusto
- ½ taza de jugo de limón
- 1 cucharada de cilantro, picado
- 3 dientes de ajo, picados

Direcciones:
1. En tu procesador de alimentos, combina el queso crema con el jugo de limón y otros ingredientes, mezcla bien, divide en tazones y sirve.

Nutrición: calorías 213, grasas 20,5, fibra 0,2, carbohidratos 2,8, proteínas 4,8

Salsa de camote

Tiempo de preparación: 10 minutos
Tiempo de cocción: 40 minutos
Porciones: 4

Ingredientes:
- 1 taza de batatas, peladas y cortadas en cubitos
- 1 cucharada de caldo de verduras bajo en sodio
- Spray para cocinar
- 2 cucharadas de crema de coco
- 2 cucharaditas de romero, seco
- Pimienta negra al gusto

Direcciones:
1. En una fuente para horno, combine las papas con el caldo y otros ingredientes, revuelva, hornee a 365 grados F durante 40 minutos, transfiéralas a su licuadora, mezcle bien, divida en tazones pequeños y sirva.

Nutrición: calorías 65, grasas 2,1, fibra 2, carbohidratos 11,3, proteínas 0,8

Salsa De Frijoles

Tiempo de preparación: 5 minutos
Tiempo de cocción: 0 minutos
Porciones: 4

Ingredientes:
- 1 taza de frijoles negros enlatados, sin sal agregada, escurridos
- 1 taza de frijoles rojos enlatados, sin sal agregada, escurridos
- 1 cucharadita de vinagre balsámico
- 1 taza de tomates cherry, cortados en cubos
- 1 cucharada de aceite de oliva
- 2 chalotes, picados

Direcciones:
1. En un bol, combine los frijoles con el vinagre y otros ingredientes, mezcle y sirva como refrigerio de fiesta.

Nutrición: calorías 362, grasas 4,8, fibra 14,9, carbohidratos 61, proteínas 21,4

Salsa De Judías Verdes

Tiempo de preparación: 10 minutos
Tiempo de cocción: 10 minutos
Porciones: 4

Ingredientes:
- 1 libra de judías verdes, peladas y cortadas por la mitad
- 1 cucharada de aceite de oliva
- 2 cucharaditas de alcaparras, escurridas
- 6 onzas de aceitunas verdes, sin hueso y en rodajas
- 4 dientes de ajo, picados
- 1 cucharada de jugo de lima
- 1 cucharada de orégano, picado
- Pimienta negra al gusto

Direcciones:
1. Calienta una sartén con el aceite a fuego medio-alto, agrega el ajo y los ejotes, mezcla y cocina por 3 minutos.
2. Agrega el resto de los ingredientes, mezcla, cocina por otros 7 minutos, divide en tazas pequeñas y sirve frío.

Nutrición: calorías 111, grasas 6,7, fibra 5,6, carbohidratos 13,2, proteínas 2,9

Crema de zanahoria

Tiempo de preparación: 10 minutos
Tiempo de cocción: 30 minutos
Porciones: 4

Ingredientes:
- 1 libra de zanahorias, peladas y picadas
- ½ taza de nueces picadas
- 2 tazas de caldo de verduras bajo en sodio
- 1 taza de crema de coco
- 1 cucharada de romero, picado
- 1 cucharadita de ajo en polvo
- ¼ cucharadita de pimentón ahumado

Direcciones:
1. En una cacerola pequeña, combine las zanahorias con el caldo, las nueces y otros ingredientes excepto la crema y el romero, revuelva, hierva a fuego medio, cocine por 30 minutos, escurra y licue.
2. Agrega la nata, mezcla bien, divide en tazones, espolvorea con romero y sirve.

Nutrición: calorías 201, grasas 8,7, fibra 3,4, carbohidratos 7,8, proteínas 7,7

salsa de tomate

Tiempo de preparación: 10 minutos
Tiempo de cocción: 10 minutos
Porciones: 4

Ingredientes:
- 1 libra de tomates, pelados y picados
- ½ taza de ajo, picado
- 2 cucharadas de aceite de oliva
- Una pizca de pimienta negra
- 2 chalotes, picados
- 1 cucharadita de tomillo, seco

Direcciones:
1. Calienta una sartén con el aceite a fuego medio-alto, agrega el ajo y las chalotas, revuelve y saltea por 2 minutos.
2. Agrega los tomates y los demás ingredientes, cocina por 8 minutos más y licúa.
3. Mezclar bien, dividir en tazas pequeñas y servir como refrigerio.

Nutrición: calorías 232, grasas 11,3, fibra 3,9, carbohidratos 7,9, proteínas 4,5

tazones de salmón

Tiempo de preparación: 10 minutos
Tiempo de cocción: 0 minutos
Porciones: 6

Ingredientes:
- 1 cucharada de aceite de aguacate
- 1 cucharada de vinagre balsámico
- ½ cucharadita de orégano, seco
- 1 taza de salmón ahumado, sin sal agregada, deshuesado, sin piel y en cubos
- 1 taza de salsa
- 4 tazas de espinacas tiernas

Direcciones:
1. En un bol, combine el salmón con la salsa y los demás ingredientes, mezcle, divida en tazas pequeñas y sirva.

Nutrición: calorías 281, grasas 14,4, fibra 7,4, carbohidratos 18,7, proteínas 7,4

Salsa de tomate y maíz

Tiempo de preparación: 4 minutos
Tiempo de cocción: 0 minutos
Porciones: 4

Ingredientes:
- 3 tazas de maíz
- 2 tazas de tomates, en cubos
- 2 cebollas verdes, picadas
- 2 cucharadas de aceite de oliva
- 1 pimiento rojo, picado
- ½ cucharada de cebollino, picado

Direcciones:
1. En una ensaladera, combine los tomates con el maíz y otros ingredientes, mezcle y sirva frío como refrigerio.

Nutrición: calorías 178, grasas 8,6, fibra 4,5, carbohidratos 25,9, proteínas 4,7

Champiñones Al Horno

Tiempo de preparación: 10 minutos
Tiempo de cocción: 25 minutos
Porciones: 4

Ingredientes:
- 1 libra de sombreros de champiñones pequeños
- 2 cucharadas de aceite de oliva
- 1 cucharada de cebollino, picado
- 1 cucharada de romero, picado
- Pimienta negra al gusto

Direcciones:
1. Coloque los champiñones en una fuente para asar, agregue el aceite y los ingredientes restantes, revuelva, hornee a 400 grados F durante 25 minutos, divídalos en tazones y sirva como refrigerio.

Nutrición: calorías 215, grasas 12,3, fibra 6,7, carbohidratos 15,3, proteínas 3,5

Crema de frijoles

Tiempo de preparación: 5 minutos
Tiempo de cocción: 0 minutos
Porciones: 4

Ingredientes:
- ½ taza de crema de coco
- 1 cucharada de aceite de oliva
- 2 tazas de frijoles negros enlatados, sin sal agregada, escurridos y enjuagados
- 2 cucharadas de cebollas verdes, picadas

Direcciones:
1. En una licuadora, combine los frijoles con la crema y los demás ingredientes, mezcle bien, divida en tazones y sirva.

Nutrición: calorías 311, grasas 13,5, fibra 6, carbohidratos 18,0, proteínas 8

Salsa De Cilantro Y Hinojo

Tiempo de preparación: 5 minutos
Tiempo de cocción: 0 minutos
Porciones: 4

Ingredientes:
- 2 cebolletas, picadas
- 2 bulbos de hinojo, rebanados
- 1 chile verde, picado
- 1 tomate, picado
- 1 cucharadita de cúrcuma en polvo
- 1 cucharadita de jugo de lima
- 2 cucharadas de cilantro, picado
- Pimienta negra al gusto

Direcciones:
1. En una ensaladera, combine el hinojo con la cebolla y los demás ingredientes, mezcle, divida en tazones y sirva.

Nutrición: calorías 310, grasas 11,5, fibra 5,1, carbohidratos 22,3, proteínas 6,5

Bocaditos de coles de Bruselas

Tiempo de preparación: 10 minutos
Tiempo de cocción: 25 minutos
Porciones: 4

Ingredientes:
- 1 libra de coles de Bruselas, recortadas y cortadas por la mitad
- 2 cucharadas de aceite de oliva
- 1 cucharada de comino molido
- 1 taza de eneldo, picado
- 2 dientes de ajo, picados

Direcciones:
1. En una fuente para asar, mezcle las coles de Bruselas con el aceite y otros ingredientes, revuelva y cocine a 390 grados F durante 25 minutos.
2. Divide los brotes en tazones y sírvelos como refrigerio.

Nutrición: calorías 270, grasas 10,3, fibra 5,2, carbohidratos 11,1, proteínas 6

Bocaditos de nueces balsámicas

Tiempo de preparación: 10 minutos
Tiempo de cocción: 15 minutos
Porciones: 4

Ingredientes:
- 2 tazas de nueces
- 3 cucharadas de vinagre rojo
- Un chorrito de aceite de oliva
- Una pizca de pimienta de cayena
- Una pizca de hojuelas de pimiento rojo
- Pimienta negra al gusto

Direcciones:
1. Extienda las nueces en una bandeja para hornear forrada, agregue el vinagre y otros ingredientes, revuelva y ase a 400 grados F durante 15 minutos.
2. Divida las nueces en tazones y sirva.

Nutrición: calorías 280, grasas 12,2, fibra 2, carbohidratos 15,8, proteínas 6

Chips de rábano

Tiempo de preparación: 10 minutos
Tiempo de cocción: 20 minutos
Porciones: 4

Ingredientes:
- 1 libra de rábanos, en rodajas finas
- Una pizca de cúrcuma en polvo
- Pimienta negra al gusto
- 2 cucharadas de aceite de oliva

Direcciones:
1. Extienda los chips de rábano en una bandeja para hornear forrada, agregue el aceite y otros ingredientes, revuelva y hornee a 400 grados F durante 20 minutos.
2. Divida las patatas fritas en tazones y sirva.

Nutrición: calorías 120, grasas 8,3, fibra 1, carbohidratos 3,8, proteínas 6

Ensalada de puerros y gambas

Tiempo de preparación: 4 minutos
Tiempo de cocción: 0 minutos
Porciones: 4

Ingredientes:
- 2 puerros, rebanados
- 1 taza de cilantro, picado
- 1 libra de camarones, pelados, desvenados y cocidos
- Zumo de 1 lima
- 1 cucharada de ralladura de lima, rallada
- 1 taza de tomates cherry, cortados por la mitad
- 2 cucharadas de aceite de oliva
- Sal y pimienta negra al gusto

Direcciones:
1. En una ensaladera, combine los camarones con los puerros y los demás ingredientes, mezcle, divida en tazones pequeños y sirva.

Nutrición: calorías 280, grasas 9,1, fibra 5,2, carbohidratos 12,6, proteínas 5

Salsa de puerros

Tiempo de preparación: 5 minutos
Tiempo de cocción: 0 minutos
Porciones: 4

Ingredientes:
- 1 cucharada de jugo de limón
- ½ taza de queso crema bajo en grasa
- 2 cucharadas de aceite de oliva
- Pimienta negra al gusto
- 4 puerros, picados
- 1 cucharada de cilantro, picado

Direcciones:
1. En una licuadora, combine el queso crema con los puerros y otros ingredientes, mezcle bien, divídalo en tazones y sirva como salsa para fiestas.

Nutrición: calorías 300, grasas 12,2, fibra 7,6, carbohidratos 14,7, proteínas 5,6

Ensalada de pimientos

Tiempo de preparación: 5 minutos
Tiempo de cocción: 0 minutos
Porciones: 4

Ingredientes:
- ½ libra de pimiento rojo, cortado en tiras finas
- 3 cebollas verdes, picadas
- 1 cucharada de aceite de oliva
- 2 cucharaditas de jengibre rallado
- ½ cucharadita de romero seco
- 3 cucharadas de vinagre balsámico

Direcciones:
1. En una ensaladera, combine los pimientos con la cebolla y los demás ingredientes, mezcle, divida en tazones pequeños y sirva.

Nutrición: calorías 160, grasas 6, fibra 3, carbohidratos 10,9, proteínas 5,2

Crema de aguacate

Tiempo de preparación: 4 minutos
Tiempo de cocción: 0 minutos
Porciones: 4

Ingredientes:
- 2 cucharadas de eneldo, picado
- 1 chalota, picada
- 2 dientes de ajo, picados
- 2 aguacates, pelados, sin hueso y picados
- 1 taza de crema de coco
- 2 cucharadas de aceite de oliva
- 2 cucharadas de jugo de lima
- Pimienta negra al gusto

Direcciones:
1. En una licuadora, combine los aguacates con las chalotas, el ajo y otros ingredientes, mezcle bien, divídalos en tazones pequeños y sirva como refrigerio.

Nutrición: calorías 300, grasas 22,3, fibra 6,4, carbohidratos 42, proteínas 8,9

salsa de maíz

Tiempo de preparación: 30 minutos
Tiempo de cocción: 0 minutos
Porciones: 4

Ingredientes:
- Una pizca de pimienta de cayena
- Una pizca de pimienta negra
- 2 tazas de maíz
- 1 taza de crema de coco
- 2 cucharadas de jugo de limón
- 2 cucharadas de aceite de aguacate

Direcciones:
1. En una licuadora, combine el maíz con la crema y otros ingredientes, mezcle bien, divídalo en tazones y sirva como salsa para fiestas.

Nutrición: calorías 215, grasas 16,2, fibra 3,8, carbohidratos 18,4, proteínas 4

barras de frijoles

Tiempo de preparación: 2 horas
Tiempo de cocción: 0 minutos
Porciones: 12

Ingredientes:
- 1 taza de frijoles negros enlatados, sin sal agregada, escurridos
- 1 taza de hojuelas de coco, sin azúcar
- 1 taza de mantequilla baja en grasa
- ½ taza de semillas de chía
- ½ taza de crema de coco

Direcciones:
1. En una licuadora combina los frijoles con las hojuelas de coco y demás ingredientes, mezcla bien, extiende todo en un molde cuadrado, exprime, guarda en el refrigerador por 2 horas, corta en barras medianas y sirve.

Nutrición: calorías 141, grasas 7, fibra 5, carbohidratos 16,2, proteínas 5

Mezcla de semillas de calabaza y chips de manzana.

Tiempo de preparación: 10 minutos
Tiempo de cocción: 2 horas
Porciones: 4

Ingredientes:
- Spray para cocinar
- 2 cucharaditas de nuez moscada, molida
- 1 taza de semillas de calabaza
- 2 manzanas, sin corazón y en rodajas finas

Direcciones:
1. Coloca las semillas de calabaza y los chips de manzana en una bandeja para horno forrada con papel de horno, espolvorea nuez moscada por todas partes, engrasa con el spray, coloca en el horno y hornea a 300 grados F durante 2 horas.
2. Dividir en tazones y servir como refrigerio.

Nutrición: calorías 80, grasa 0, fibra 3, carbohidratos 7, proteínas 4

Dip de tomate y yogur

Tiempo de preparación: 5 minutos
Tiempo de cocción: 0 minutos
Porciones: 4

Ingredientes:
- 2 tazas de yogur griego sin grasa
- 1 cucharada de perejil, picado
- ¼ de taza de tomates enlatados, sin sal agregada, picados
- 2 cucharadas de cebollino, picado
- Pimienta negra al gusto

Direcciones:
1. En un tazón, combine el yogur con el perejil y otros ingredientes, bata bien, divídalo en tazones pequeños y sirva como salsa para fiestas.

Nutrición: calorías 78, grasas 0, fibra 0,2, carbohidratos 10,6, proteínas 8,2

Tazones de remolacha de cayena

Tiempo de preparación: 10 minutos
Tiempo de cocción: 35 minutos
Porciones: 2

Ingredientes:
- 1 cucharadita de pimienta de cayena
- 2 remolachas, peladas y cortadas en cubos
- 1 cucharadita de romero, seco
- 1 cucharada de aceite de oliva
- 2 cucharaditas de jugo de lima

Direcciones:
1. En una fuente para asar, combine los bocados de remolacha con la pimienta de cayena y otros ingredientes, revuelva, colóquelos en el horno, ase a 355 grados F durante 35 minutos, divídalos en tazones pequeños y sirva como refrigerio.

Nutrición: calorías 170, grasas 12,2, fibra 7, carbohidratos 15,1, proteínas 6

Tazones de nueces y nueces

Tiempo de preparación: 10 minutos
Tiempo de cocción: 10 minutos
Porciones: 4

Ingredientes:
- 2 tazas de nueces
- 1 taza de nueces, picadas
- 1 cucharadita de aceite de aguacate
- ½ cucharadita de pimentón dulce

Direcciones:
1. Extienda las pasas y las nueces en una bandeja para hornear forrada, agregue el aceite y el pimentón, revuelva y hornee a 400 grados F durante 10 minutos.
2. Dividir en tazones y servir como refrigerio.

Nutrición: calorías 220, grasas 12,4, fibra 3, carbohidratos 12,9, proteínas 5,6

Muffins De Salmón Y Perejil

Tiempo de preparación: 10 minutos
Tiempo de cocción: 25 minutos
Porciones: 4

Ingredientes:
- 1 taza de queso mozzarella bajo en grasa, rallado
- 8 onzas de salmón ahumado, sin piel, deshuesado y picado
- 1 taza de harina de almendras
- 1 huevo batido
- 1 cucharadita de perejil, seco
- 1 diente de ajo, picado
- Pimienta negra al gusto
- Spray para cocinar

Direcciones:
1. En un bol, combine el salmón con la mozzarella y los demás ingredientes excepto el aceite en aerosol y mezcle bien.
2. Divida esta mezcla en un molde para muffins engrasado con aceite en aerosol, hornee a 375 grados F durante 25 minutos y sirva como refrigerio.

Nutrición: calorías 273, grasas 17, fibra 3,5, carbohidratos 6,9, proteínas 21,8

bolas de calabaza

Tiempo de preparación: 10 minutos
Tiempo de cocción: 20 minutos
Porciones: 8

Ingredientes:
- Un chorrito de aceite de oliva
- 1 calabaza grande, pelada y picada
- 2 cucharadas de cilantro, picado
- 2 huevos batidos
- ½ taza de harina integral
- Pimienta negra al gusto
- 2 chalotes, picados
- 2 dientes de ajo, picados

Direcciones:
1. En un bowl combina la calabaza con el cilantro y los demás ingredientes excepto el aceite, mezcla bien y forma bolitas medianas con esta mezcla.
2. Colóquelos en una bandeja para hornear cubierta con papel de horno, engrase con aceite, hornee a 400 grados F durante 10 minutos por cada lado, divídalos en tazones y sirva.

Nutrición: calorías 78, grasas 3, fibra 0,9, carbohidratos 10,8, proteínas 2,7

Tazones De Cebolla Perla Y Queso

Tiempo de preparación: 10 minutos
Tiempo de cocción: 30 minutos
Porciones: 8

Ingredientes:
- 20 cebollas blancas perla, peladas
- 3 cucharadas de perejil, picado
- 1 cucharada de cebollino, picado
- Pimienta negra al gusto
- 1 taza de mozzarella baja en grasa, rallada
- 1 cucharada de aceite de oliva

Direcciones:
1. Extiende las cebolletas en una bandeja de horno forrada con papel de horno, añade el aceite, el perejil, el cebollino y la pimienta negra y mezcla.
2. Espolvoree mozzarella encima, hornee a 390 grados F durante 30 minutos, divida en tazones y sirva frío como refrigerio.

Nutrición: calorías 136, grasas 2,7, fibra 6, carbohidratos 25,9, proteínas 4,1

barras de brócoli

Tiempo de preparación: 10 minutos
Tiempo de cocción: 25 minutos
Porciones: 8

Ingredientes:
- 1 libra de floretes de brócoli, picados
- ½ taza de queso mozzarella bajo en grasa, rallado
- 2 huevos batidos
- 1 cucharadita de orégano, seco
- 1 cucharadita de albahaca, seca
- Pimienta negra al gusto

Direcciones:
1. En un bol combinar el brócoli con el queso y los demás ingredientes, mezclar bien, esparcir en un molde rectangular y presionar bien hacia el fondo.
2. Colóquelo en el horno a 380 grados F, hornee por 25 minutos, córtelo en barras y sirva frío.

Nutrición: calorías 46, grasas 1,3, fibra 1,8, carbohidratos 4,2, proteínas 5

Salsa De Piña Y Tomate

Tiempo de preparación: 10 minutos
Tiempo de cocción: 40 minutos
Porciones: 4

Ingredientes:
- 20 onzas de piña enlatada, escurrida y cortada en cubitos
- 1 taza de tomates secados al sol, en cubos
- 1 cucharada de albahaca, picada
- 1 cucharada de aceite de aguacate
- 1 cucharadita de jugo de lima
- 1 taza de aceitunas negras, deshuesadas y en rodajas
- Pimienta negra al gusto

Direcciones:
1. En un bol, combine los cubos de piña con los tomates y otros ingredientes, mezcle, divida en tazas más pequeñas y sirva como refrigerio.

Nutrición: calorías 125, grasas 4,3, fibra 3,8, carbohidratos 23,6, proteínas 1,5

Mixto de pavo y alcachofas

Tiempo de preparación: 5 minutos
Tiempo de cocción: 25 minutos
Porciones: 4

Ingredientes:
- 2 cucharadas de aceite de oliva
- 1 pechuga de pavo, sin piel, deshuesada y en rodajas
- Una pizca de pimienta negra
- 1 cucharada de albahaca, picada
- 3 dientes de ajo, picados
- 14 onzas de alcachofas enlatadas, sin sal agregada, picadas
- 1 taza de crema de coco
- ¾ taza de mozzarella baja en grasa, rallada

Direcciones:
1. Calienta una sartén con el aceite a fuego medio-alto, agrega la carne, el ajo y la pimienta negra, mezcla y cocina por 5 minutos.
2. Agrega el resto de los ingredientes excepto el queso, mezcla y cocina a fuego medio por 15 minutos.
3. Espolvorea con el queso, cocina por 5 minutos más, divide en platos y sirve.

Nutrición: calorías 300, grasas 22,2, fibra 7,2, carbohidratos 16,5, proteínas 13,6

Mezcla de pavo y orégano

Tiempo de preparación: 10 minutos
Tiempo de cocción: 30 minutos
Porciones: 4

Ingredientes:
- 2 cucharadas de aceite de aguacate
- 1 cebolla morada, picada
- 2 dientes de ajo, picados
- Una pizca de pimienta negra
- 1 cucharada de orégano, picado
- 1 pechuga de pavo grande, sin piel, deshuesada y cortada en cubos
- 1 y ½ tazas de caldo de res bajo en sodio
- 1 cucharada de cebollino, picado

Direcciones:
1. Calienta una sartén con el aceite a fuego medio, agrega la cebolla, revuelve y fríe por 3 minutos.
2. Agrega el ajo y la carne, mezcla y cocina 3 minutos más.
3. Agrega el resto de los ingredientes, mezcla, cocina a fuego medio durante 25 minutos, divide en platos y sirve.

Nutrición: calorías 76, grasas 2,1, fibra 1,7, carbohidratos 6,4, proteínas 8,3

Pollo naranja

Tiempo de preparación: 10 minutos
Tiempo de cocción: 35 minutos
Porciones: 4

Ingredientes:
- 1 cucharada de aceite de aguacate
- 1 libra de pechuga de pollo, sin piel, deshuesada y cortada por la mitad
- 2 dientes de ajo, picados
- 2 chalotes, picados
- ½ taza de jugo de naranja
- 1 cucharada de ralladura de naranja, rallada
- 3 cucharadas de vinagre balsámico
- 1 cucharadita de romero, picado

Direcciones:
1. Calienta una sartén con el aceite a fuego medio-alto, agrega las chalotas y el ajo, mezcla y saltea por 2 minutos.
2. Agrega la carne, revuelve suavemente y cocina 3 minutos más.
3. Agrega el resto de los ingredientes, mezcla, coloca el molde en el horno y hornea a 340 grados F por 30 minutos.
4. Dividir en platos y servir.

Nutrición: calorías 159, grasas 3,4, fibra 0,5, carbohidratos 5,4, proteínas 24,6

Pavo con ajo y champiñones

Tiempo de preparación: 10 minutos
Tiempo de cocción: 40 minutos
Porciones: 4

Ingredientes:
- 1 pechuga de pavo, deshuesada, sin piel y cortada en cubos
- ½ libra de champiñones blancos, cortados por la mitad
- 1/3 taza de aminoácidos de coco
- 2 dientes de ajo, picados
- 2 cucharadas de aceite de oliva
- Una pizca de pimienta negra
- 2 cebollas verdes, picadas
- 3 cucharadas de salsa de ajo
- 1 cucharada de romero, picado

Direcciones:
1. Calienta una sartén con el aceite a fuego medio, agrega las cebolletas, la salsa de ajo y el ajo y sofríe por 5 minutos.
2. Agrega la carne y dora por 5 minutos más.
3. Agrega el resto de los ingredientes, coloca en el horno y hornea a 390 grados F por 30 minutos.
4. Divida la mezcla en platos y sirva.

Nutrición: calorías 154, grasas 8,1, fibra 1,5, carbohidratos 11,5, proteínas 9,8

Cazuela De Pollo Y Aceitunas

Tiempo de preparación: 10 minutos
Tiempo de cocción: 25 minutos
Porciones: 4

Ingredientes:
- 1 libra de pechugas de pollo, sin piel, deshuesadas y cortadas en cubos grandes
- Una pizca de pimienta negra
- 1 cucharada de aceite de aguacate
- 1 cebolla morada, picada
- 1 taza de leche de coco
- 1 cucharada de jugo de limón
- 1 taza de aceitunas kalamata, sin hueso y en rodajas
- ¼ de taza de cilantro, picado

Direcciones:
1. Calienta una sartén con el aceite a fuego medio-alto, agrega la cebolla y la carne y dora por 5 minutos.
2. Agrega el resto de los ingredientes, mezcla, lleva a ebullición y cocina a fuego medio por 20 minutos más.
3. Dividir en platos y servir.

Nutrición: calorías 409, grasas 26,8, fibra 3,2, carbohidratos 8,3, proteínas 34,9

Mezcla balsámica de pavo y duraznos

Tiempo de preparación: 10 minutos
Tiempo de cocción: 25 minutos
Porciones: 4

Ingredientes:
- 1 cucharada de aceite de aguacate
- 1 pechuga de pavo, sin piel, deshuesada y en rodajas
- Una pizca de pimienta negra
- 1 cebolla amarilla, picada
- 4 duraznos, sin hueso y cortados en cuartos
- ¼ de taza de vinagre balsámico
- 2 cucharadas de cebollino, picado

Direcciones:
1. Calienta una sartén con el aceite a fuego medio-alto, agrega la carne y la cebolla, mezcla y fríe por 5 minutos.
2. Agrega el resto de los ingredientes excepto el cebollino, mezcla suavemente y hornea a 390 grados F por 20 minutos.
3. Divide todo en platos y sirva con el cebollino espolvoreado por encima.

Nutrición: calorías 123, grasas 1,6, fibra 3,3, carbohidratos 18,8, proteínas 9,1

Pollo Al Coco Y Espinacas

Tiempo de preparación: 10 minutos
Tiempo de cocción: 25 minutos
Porciones: 4

Ingredientes:
- 1 cucharada de aceite de aguacate
- 1 libra de pechuga de pollo, sin piel, deshuesada y en cubos
- ½ cucharadita de albahaca, seca
- Una pizca de pimienta negra
- ¼ de taza de caldo de verduras bajo en sodio
- 2 tazas de espinacas tiernas
- 2 chalotes, picados
- 2 dientes de ajo, picados
- ½ cucharadita de pimentón dulce
- 2/3 taza de crema de coco
- 2 cucharadas de cilantro, picado

Direcciones:
1. Calienta una sartén con el aceite a fuego medio-alto, agrega la carne, la albahaca, la pimienta negra y dora por 5 minutos.
2. Agrega las chalotas y el ajo y cocina por otros 5 minutos.
3. Agrega el resto de los ingredientes, mezcla, lleva a ebullición y cocina a fuego medio por 15 minutos más.
4. Dividir en platos y servir caliente.

Nutrición:calorías 237, grasas 12,9, fibra 1,6, carbohidratos 4,7, proteínas 25,8

Mezcla de pollo y espárragos

Tiempo de preparación: 10 minutos
Tiempo de cocción: 25 minutos
Porciones: 4

Ingredientes:
- 2 pechugas de pollo, sin piel, deshuesadas y cortadas en cubos
- 2 cucharadas de aceite de aguacate
- 2 cebolletas, picadas
- 1 manojo de espárragos, recortados y cortados por la mitad
- ½ cucharadita de pimentón dulce
- Una pizca de pimienta negra
- 14 onzas de tomates enlatados, sin sal agregada, escurridos y picados

Direcciones:
1. Calienta una sartén con el aceite a fuego medio-alto, agrega la carne y las cebolletas, revuelve y cocina por 5 minutos.
2. Agrega los espárragos y los demás ingredientes, mezcla, tapa la sartén y cocina a fuego medio por 20 minutos.
3. Divida todo entre platos y sirva.

Nutrición: calorías 171, grasas 6,4, fibra 2,6, carbohidratos 6,4, proteínas 22,2

Cremoso De Pavo Y Brócoli

Tiempo de preparación: 10 minutos
Tiempo de cocción: 25 minutos
Porciones: 4

Ingredientes:
- 1 cucharada de aceite de oliva
- 1 pechuga de pavo grande, sin piel, deshuesada y cortada en cubos
- 2 tazas de floretes de brócoli
- 2 chalotes, picados
- 2 dientes de ajo, picados
- 1 cucharada de albahaca, picada
- 1 cucharada de cilantro, picado
- ½ taza de crema de coco

Direcciones:
1. Calienta una sartén con el aceite a fuego medio-alto, agrega la carne, las chalotas y el ajo, mezcla y fríe por 5 minutos.
2. Agrega el brócoli y los demás ingredientes, mezcla todo, cocina por 20 minutos a fuego medio, divide en platos y sirve.

Nutrición: calorías 165, grasas 11,5, fibra 2,1, carbohidratos 7,9, proteínas 9,6

Judías verdes mixtas con pollo y eneldo

Tiempo de preparación: 10 minutos
Tiempo de cocción: 25 minutos
Porciones: 4

Ingredientes:
- 2 cucharadas de aceite de oliva
- 10 onzas de judías verdes, cortadas y cortadas por la mitad
- 1 cebolla amarilla, picada
- 1 cucharada de eneldo, picado
- 2 pechugas de pollo, sin piel, deshuesadas y cortadas por la mitad
- 2 tazas de salsa de tomate, sin sal agregada
- ½ cucharadita de hojuelas de pimiento rojo, trituradas

Direcciones:
1. Calienta una sartén con el aceite a fuego medio-alto, agrega la cebolla y la carne y dora por 2 minutos por cada lado.
2. Agrega las judías verdes y los demás ingredientes, mezcla, coloca en el horno y hornea a 380 grados F por 20 minutos.
3. Dividir en platos y servir inmediatamente.

Nutrición: calorías 391, grasas 17,8, fibra 5, carbohidratos 14,8, proteínas 43,9

Calabacín con pollo y chile

Tiempo de preparación: 5 minutos
Tiempo de cocción: 25 minutos
Porciones: 4

Ingredientes:
- 1 libra de pechugas de pollo, sin piel, deshuesadas y en cubos
- 1 taza de caldo de pollo bajo en sodio
- 2 calabacines, cortados en cubos grandes
- 1 cucharada de aceite de oliva
- 1 taza de tomates enlatados, sin sal agregada, picados
- 1 cebolla amarilla, picada
- 1 cucharadita de chile en polvo
- 1 cucharada de cilantro, picado

Direcciones:
1. Calienta una sartén con el aceite a fuego medio-alto, agrega la carne y la cebolla, mezcla y fríe por 5 minutos.
2. Agrega los calabacines y el resto de los ingredientes, mezcla suavemente, reduce el fuego a medio y cocina por 20 minutos.
3. Divida todo entre platos y sirva.

Nutrición: calorías 284, grasa 12,3, fibra 2,4, carbohidratos 8, proteínas 35

Mixto de aguacate y pollo

Tiempo de preparación: 10 minutos
Tiempo de cocción: 20 minutos
Porciones: 4

Ingredientes:
- 2 pechugas de pollo, sin piel, deshuesadas y cortadas por la mitad
- Jugo de ½ limón
- 2 cucharadas de aceite de oliva
- 2 dientes de ajo, picados
- ½ taza de caldo de verduras bajo en sodio
- 1 aguacate, pelado, sin hueso y cortado en cuartos
- Una pizca de pimienta negra

Direcciones:
1. Calienta una sartén con el aceite a fuego medio, agrega el ajo y la carne y dora por 2 minutos por cada lado.
2. Agrega el jugo de limón y los demás ingredientes, lleva a ebullición y cocina a fuego medio durante 15 minutos.
3. Divida todo entre platos y sirva.

Nutrición: calorías 436, grasas 27,3, fibra 3,6, carbohidratos 5,6, proteínas 41,8

Pavo y bok choy

Tiempo de preparación: 10 minutos
Tiempo de cocción: 20 minutos
Porciones: 4

Ingredientes:
- 1 pechuga de pavo, deshuesada, sin piel y cortada en cubos grandes
- 2 cebollas verdes, picadas
- 1 libra de bok choy, desmenuzado
- 2 cucharadas de aceite de oliva
- ½ cucharadita de jengibre rallado
- Una pizca de pimienta negra
- ½ taza de caldo de verduras bajo en sodio

Direcciones:
1. Calienta una sartén con el aceite a fuego medio-alto, agrega las cebolletas y el jengibre y saltea por 2 minutos.
2. Agrega la carne y dora por 5 minutos más.
3. Agrega el resto de los ingredientes, mezcla, cocina a fuego lento por otros 13 minutos, divide en platos y sirve.

Nutrición: calorías 125, grasas 8, fibra 1,7, carbohidratos 5,5, proteínas 9,3

Mezcla de pollo con cebolla morada

Tiempo de preparación: 10 minutos
Tiempo de cocción: 25 minutos
Porciones: 4

Ingredientes:
- 2 pechugas de pollo, sin piel, deshuesadas y cortadas en cubos grandes
- 3 cebollas rojas, en rodajas
- 2 cucharadas de aceite de oliva
- 1 taza de caldo de verduras bajo en sodio
- Una pizca de pimienta negra
- 1 cucharada de cilantro, picado
- 1 cucharada de cebollino, picado

Direcciones:
1. Calienta una sartén con el aceite a fuego medio, agrega la cebolla y una pizca de pimienta negra y sofríe durante 10 minutos, revolviendo con frecuencia.
2. Agrega el pollo y cocina 3 minutos más.
3. Agrega el resto de los ingredientes, lleva a ebullición y cocina a fuego medio durante 12 minutos más.
4. Divida la mezcla de pollo y cebolla en platos y sirva.

Nutrición: calorías 364, grasas 17,5, fibra 2,1, carbohidratos 8,8, proteínas 41,7

Pavo caliente y arroz

Tiempo de preparación: 10 minutos
Tiempo de cocción: 42 minutos
Porciones: 4

Ingredientes:
- 1 pechuga de pavo, sin piel, deshuesada y cortada en cubos
- 1 taza de arroz blanco
- 2 tazas de caldo de verduras bajo en sodio
- 1 cucharadita de pimentón picante
- 2 chiles serranos pequeños, picados
- 2 dientes de ajo, picados
- 2 cucharadas de aceite de oliva
- ½ pimiento rojo picado
- Una pizca de pimienta negra

Direcciones:
1. Calienta una sartén con el aceite a fuego medio, agrega los chiles serranos y el ajo y sofríe por 2 minutos.
2. Añade la carne y dórala durante 5 minutos.
3. Agrega el arroz y los demás ingredientes, lleva a ebullición y cocina a fuego medio durante 35 minutos.
4. Revuelva, divida en platos y sirva.

Nutrición: calorías 271, grasas 7,7, fibra 1,7, carbohidratos 42, proteínas 7,8

Puerro al limón y pollo

Tiempo de preparación: 10 minutos
Tiempo de cocción: 40 minutos
Porciones: 4

Ingredientes:
- 1 libra de pechuga de pollo, sin piel, deshuesada y en cubos
- Una pizca de pimienta negra
- 2 cucharadas de aceite de aguacate
- 1 cucharada de salsa de tomate, sin sal añadida
- 1 taza de caldo de verduras bajo en sodio
- 4 puerros, picados en trozos grandes
- ½ taza de jugo de limón

Direcciones:
1. Calienta una sartén con el aceite a fuego medio, agrega los puerros, mezcla y sofríe durante 10 minutos.
2. Agrega el pollo y los demás ingredientes, mezcla, cocina a fuego medio por otros 20 minutos, divide en platos y sirve.

Nutrición: calorías 199, grasas 13,3, fibra 5, carbohidratos 7,6, proteínas 17,4

Pavo con mezcla de col rizada

Tiempo de preparación: 10 minutos
Tiempo de cocción: 35 minutos
Porciones: 4

Ingredientes:
- 1 pechuga de pavo grande, sin piel, deshuesada y cortada en cubos
- 1 taza de caldo de pollo bajo en sodio
- 1 cucharada de aceite de coco, derretido
- 1 col rizada, rallada
- 1 cucharadita de chile en polvo
- 1 cucharadita de pimentón dulce
- 1 diente de ajo, picado
- 1 cebolla amarilla, picada
- Una pizca de sal y pimienta negra

Direcciones:
1. Calienta una sartén con el aceite a fuego medio, agrega la carne y dora por 5 minutos.
2. Agrega el ajo y la cebolla, mezcla y saltea por 5 minutos más.
3. Agrega el repollo y los demás ingredientes, mezcla, lleva a ebullición y cocina a fuego medio durante 25 minutos.
4. Divida todo entre platos y sirva.

Nutrición:calorías 299, grasas 14,5, fibra 5, carbohidratos 8,8, proteínas 12,6

Pollo Con Cebolleta Y Pimentón

Tiempo de preparación: 10 minutos
Tiempo de cocción: 30 minutos
Porciones: 4

Ingredientes:
- 1 libra de pechuga de pollo, sin piel, deshuesada y en rodajas
- 4 cebollas verdes, picadas
- 1 cucharada de aceite de oliva
- 1 cucharada de pimentón dulce
- 1 taza de caldo de pollo bajo en sodio
- 1 cucharada de jengibre rallado
- 1 cucharadita de orégano, seco
- 1 cucharadita de comino molido
- 1 cucharadita de pimienta de Jamaica, molida
- ½ taza de cilantro, picado
- Una pizca de pimienta negra

Direcciones:
1. Calienta una sartén con el aceite a fuego medio, agrega las cebolletas y la carne y dora por 5 minutos.
2. Agrega el resto de los ingredientes, mezcla, coloca en el horno y hornea a 390 grados F por 25 minutos.
3. Divida la mezcla de pollo y cebollino en platos y sirva.

Nutrición: calorías 295, grasas 12,5, fibra 6,9, carbohidratos 22,4, proteínas 15,6

Salsa de pollo y mostaza

Tiempo de preparación: 10 minutos
Tiempo de cocción: 35 minutos
Porciones: 4

Ingredientes:
- 1 libra de muslos de pollo, deshuesados y sin piel
- 1 cucharada de aceite de aguacate
- 2 cucharadas de mostaza
- 1 chalota, picada
- 1 taza de caldo de pollo bajo en sodio
- Una pizca de sal y pimienta negra
- 3 dientes de ajo, picados
- ½ cucharadita de albahaca, seca

Direcciones:
1. Calienta una sartén con el aceite a fuego medio, agrega la chalota, el ajo y el pollo y dora todo por 5 minutos.
2. Agrega la mostaza y el resto de los ingredientes, mezcla suavemente, lleva a ebullición y cocina a fuego medio durante 30 minutos.
3. Divida todo en platos y sirva caliente.

Nutrición: calorías 299, grasas 15,5, fibra 6,6, carbohidratos 30,3, proteínas 12,5

Mezcla de pollo y apio

Tiempo de preparación: 10 minutos
Tiempo de cocción: 35 minutos
Porciones: 4

Ingredientes:
- Una pizca de pimienta negra
- 2 libras de pechuga de pollo, sin piel, deshuesada y en cubos
- 2 cucharadas de aceite de oliva
- 1 taza de apio, picado
- 3 dientes de ajo, picados
- 1 chile poblano, picado
- 1 taza de caldo de verduras bajo en sodio
- 1 cucharadita de chile en polvo
- 2 cucharadas de cebollino, picado

Direcciones:
1. Calienta un sartén con el aceite a fuego medio, agrega el ajo, el apio y el chile poblano, mezcla y cocina por 5 minutos.
2. Agrega la carne, mezcla y cocina por otros 5 minutos.
3. Agrega el resto de los ingredientes excepto el cebollino, lleva a ebullición y cocina a fuego medio por 25 minutos más.
4. Divida todo en platos y sirva con el cebollino espolvoreado por encima.

Nutrición: calorías 305, grasas 18, fibra 13,4, carbohidratos 22,5, proteínas 6

Pavo a la lima con patatas baby

Tiempo de preparación: 10 minutos
Tiempo de cocción: 40 minutos
Porciones: 4

Ingredientes:
- 1 pechuga de pavo, sin piel, deshuesada y en rodajas
- 2 cucharadas de aceite de oliva
- 1 libra de patatas baby, peladas y cortadas por la mitad
- 1 cucharada de pimentón dulce
- 1 cebolla amarilla, picada
- 1 cucharadita de chile en polvo
- 1 cucharadita de romero, seco
- 2 tazas de caldo de pollo bajo en sodio
- Una pizca de pimienta negra
- Ralladura de 1 lima rallada
- 1 cucharada de jugo de lima
- 1 cucharada de cilantro, picado

Direcciones:
1. Calienta un sartén con el aceite a fuego medio, agrega la cebolla, el chile en polvo y el romero, mezcla y sofríe por 5 minutos.
2. Agrega la carne y dora por 5 minutos más.
3. Agrega las patatas y el resto de los ingredientes excepto el cilantro, mezcla suavemente, lleva a ebullición y cocina a fuego medio durante 30 minutos.
4. Divida la mezcla en platos y sirva con el cilantro espolvoreado por encima.

Nutrición: calorías 345, grasas 22,2, fibra 12,3, carbohidratos 34,5, proteínas 16,4

Pollo Verde Mostaza

Tiempo de preparación: 10 minutos
Tiempo de cocción: 25 minutos
Porciones: 4

Ingredientes:
- 2 pechugas de pollo, sin piel, deshuesadas y cortadas en cubos
- 3 tazas de hojas de mostaza
- 1 taza de tomates enlatados, sin sal agregada, picados
- 1 cebolla morada, picada
- 2 cucharadas de aceite de aguacate
- 1 cucharadita de orégano, seco
- 2 dientes de ajo, picados
- 1 cucharada de cebollino, picado
- 1 cucharada de vinagre balsámico
- Una pizca de pimienta negra

Direcciones:
1. Calienta una sartén con el aceite a fuego medio-alto, agrega la cebolla y el ajo y sofríe durante 5 minutos.
2. Agrega la carne y dórala por 5 minutos más.
3. Agrega las verduras, los tomates y los demás ingredientes, mezcla, cocina por 20 minutos a fuego medio, divide en platos y sirve.

Nutrición: calorías 290, grasas 12,3, fibra 6,7, carbohidratos 22,30, proteínas 14,3

Pollo al horno y manzanas

Tiempo de preparación: 10 minutos
Tiempo de cocción: 50 minutos
Porciones: 4

Ingredientes:
- 2 libras de muslos de pollo, deshuesados y sin piel
- 2 cucharadas de aceite de oliva
- 2 cebollas moradas, rebanadas
- Una pizca de pimienta negra
- 1 cucharadita de tomillo, seco
- 1 cucharadita de albahaca, seca
- 1 taza de manzanas verdes, sin corazón y en cubos grandes
- 2 dientes de ajo, picados
- 2 tazas de caldo de pollo bajo en sodio
- 1 cucharada de jugo de limón
- 1 taza de tomates, cortados en cubos
- 1 cucharada de cilantro, picado

Direcciones:
1. Calienta una sartén con el aceite a fuego medio-alto, agrega la cebolla y el ajo y sofríe por 5 minutos.
2. Agrega el pollo y dora por otros 5 minutos.
3. Agrega el tomillo, la albahaca y otros ingredientes, revuelve suavemente, coloca en el horno y hornea a 390 grados F durante 40 minutos.
4. Divida el pollo y las manzanas en platos y sirva.

Nutrición: calorías 290, grasas 12,3, fibra 4, carbohidratos 15,7, proteínas 10

Pollo Chipotle

Tiempo de preparación: 10 minutos
Tiempo de cocción: 1 hora
Porciones: 6

Ingredientes:
- 2 libras de muslos de pollo, deshuesados y sin piel
- 1 cebolla amarilla, picada
- 2 cucharadas de aceite de oliva
- 3 dientes de ajo, picados
- 1 cucharada de semillas de cilantro, molidas
- 1 cucharadita de comino molido
- 1 taza de caldo de pollo bajo en sodio
- 4 cucharadas de pasta de chile chipotle
- Una pizca de pimienta negra
- 1 cucharada de cilantro, picado

Direcciones:
1. Calienta una sartén con el aceite a fuego medio, agrega la cebolla y el ajo y sofríe por 5 minutos.
2. Agrega la carne y dora por 5 minutos más.
3. Agrega el resto de los ingredientes, mezcla, coloca todo en el horno y hornea a 390 grados F por 50 minutos.
4. Divida todo entre platos y sirva.

Nutrición: calorías 280, grasas 12,1, fibra 6,3, carbohidratos 15,7, proteínas 12

Pavo con hierbas

Tiempo de preparación: 10 minutos
Tiempo de cocción: 35 minutos
Porciones: 4

Ingredientes:
- 1 pechuga de pavo grande, deshuesada, sin piel y en rodajas
- 1 cucharada de cebollino, picado
- 1 cucharada de orégano, picado
- 1 cucharada de albahaca, picada
- 1 cucharada de cilantro, picado
- 2 chalotes, picados
- 2 cucharadas de aceite de oliva
- 1 taza de caldo de pollo bajo en sodio
- 1 taza de tomates, cortados en cubos
- Sal y pimienta negra al gusto

Direcciones:
1. Calienta una sartén con el aceite a fuego medio, agrega las chalotas y la carne y dora por 5 minutos.
2. Agrega el cebollino y los demás ingredientes, mezcla, lleva a ebullición y cocina a fuego medio durante 30 minutos.
3. Divida la mezcla en platos y sirva.

Nutrición: calorías 290, grasas 11,9, fibra 5,5, carbohidratos 16,2, proteínas 9

Salsa de pollo y jengibre

Tiempo de preparación: 10 minutos
Tiempo de cocción: 35 minutos
Porciones: 4

Ingredientes:
- 1 libra de pechuga de pollo, sin piel, deshuesada y en cubos
- 1 cucharada de jengibre rallado
- 1 cucharada de aceite de oliva
- 2 chalotes, picados
- 1 cucharada de vinagre balsámico
- Una pizca de pimienta negra
- ¾ taza de caldo de pollo bajo en sodio
- 1 cucharada de albahaca, picada

Direcciones:
1. Calienta una sartén con el aceite a fuego medio, agrega las chalotas y el jengibre, revuelve y fríe por 5 minutos.
2. Agrega el resto de los ingredientes excepto el pollo, mezcla, lleva a ebullición y cocina 5 minutos más.
3. Agrega el pollo, revuelve, deja que todo hierva a fuego lento durante 25 minutos, divide en platos y sirve.

Nutrición: calorías 294, grasas 15,5, fibra 3, carbohidratos 15,4, proteínas 13,1

Pollo y Maíz

Tiempo de preparación: 10 minutos
Tiempo de cocción: 35 minutos
Porciones: 4

Ingredientes:
- 2 libras de pechuga de pollo, sin piel, deshuesada y cortada por la mitad
- 2 tazas de maíz
- 2 cucharadas de aceite de aguacate
- Una pizca de pimienta negra
- 1 cucharadita de pimentón ahumado
- 1 manojo de cebollas verdes, picadas
- 1 taza de caldo de pollo bajo en sodio

Direcciones:
1. Calienta una sartén con el aceite a fuego medio-alto, agrega las cebolletas, revuelve y saltea por 5 minutos.
2. Agrega el pollo y dora por 5 minutos más.
3. Agrega el maíz y los demás ingredientes, mezcla, coloca el molde en el horno y hornea a 390 grados F por 25 minutos.
4. Divida la mezcla en platos y sirva.

Nutrición: calorías 270, grasa 12,4, fibra 5,2, carbohidratos 12, proteínas 9

Curry de pavo y quinua

Tiempo de preparación: 10 minutos
Tiempo de cocción: 40 minutos
Porciones: 4

Ingredientes:
- 1 libra de pechuga de pavo, sin piel, deshuesada y en cubos
- 1 cucharada de aceite de oliva
- 1 taza de quinua
- 2 tazas de caldo de pollo bajo en sodio
- 1 cucharada de jugo de lima
- 1 cucharada de perejil, picado
- Una pizca de pimienta negra
- 1 cucharada de pasta de curry rojo

Direcciones:
1. Calienta una sartén con el aceite a fuego medio-alto, agrega la carne y dora por 5 minutos.
2. Agrega la quinua y el resto de los ingredientes, mezcla, lleva a ebullición y cocina a fuego medio por 35 minutos.
3. Divida todo entre platos y sirva.

Nutrición: calorías 310, grasas 8,5, fibra 11, carbohidratos 30,4, proteínas 16,3

Chirivías de pavo y comino

Tiempo de preparación: 10 minutos
Tiempo de cocción: 40 minutos
Porciones: 4

Ingredientes:
- 1 libra de pechuga de pavo, sin piel, deshuesada y en cubos
- 2 chirivías, peladas y cortadas en cubos
- 2 cucharaditas de comino molido
- 1 cucharada de perejil, picado
- 2 cucharadas de aceite de aguacate
- 2 chalotes, picados
- 1 taza de caldo de pollo bajo en sodio
- 4 dientes de ajo, picados
- Una pizca de pimienta negra

Direcciones:
1. Calienta una sartén con el aceite a fuego medio, agrega las chalotas y el ajo y sofríe durante 5 minutos.
2. Agrega el pavo, revuelve y cocina 5 minutos más.
3. Agregue las chirivías y los demás ingredientes, mezcle, cocine a fuego medio durante otros 30 minutos, divida en platos y sirva.

Nutrición: calorías 284, grasas 18,2, fibra 4, carbohidratos 16,7, proteínas 12,3

Garbanzos con Pavo y Cilantro

Tiempo de preparación: 10 minutos
Tiempo de cocción: 40 minutos
Porciones: 4

Ingredientes:
- 1 taza de garbanzos enlatados, sin sal agregada, escurridos
- 1 taza de caldo de pollo bajo en sodio
- 1 libra de pechuga de pavo, sin piel, deshuesada y en cubos
- Una pizca de pimienta negra
- 1 cucharadita de orégano, seco
- 1 cucharadita de nuez moscada, molida
- 2 cucharadas de aceite de oliva
- 1 cebolla amarilla, picada
- 1 pimiento verde, picado
- 1 taza de cilantro, picado

Direcciones:
1. Calienta una sartén con el aceite a fuego medio, agrega la cebolla, el pimiento y la carne y cocina por 10 minutos, revolviendo con frecuencia.
2. Agrega el resto de los ingredientes, mezcla, lleva a ebullición y cocina a fuego medio durante 30 minutos.
3. Divida la mezcla en platos y sirva.

Nutrición: calorías 304, grasas 11,2, fibra 4,5, carbohidratos 22,2, proteínas 17

Curry de pavo y lentejas

Tiempo de preparación: 10 minutos
Tiempo de cocción: 40 minutos
Porciones: 4

Ingredientes:
- 2 libras de pechuga de pavo, sin piel, deshuesada y en cubos
- 1 taza de lentejas enlatadas, sin sal agregada, escurridas y enjuagadas
- 1 cucharada de pasta de curry verde
- 1 cucharadita de garam masala
- 2 cucharadas de aceite de oliva
- 1 cebolla amarilla, picada
- 1 diente de ajo, picado
- Una pizca de pimienta negra
- 1 cucharada de cilantro, picado

Direcciones:
1. Calienta una sartén con el aceite a fuego medio, agrega la cebolla, el ajo y la carne y sofríe por 5 minutos, revolviendo con frecuencia.
2. Agrega las lentejas y el resto de ingredientes, lleva a ebullición y cocina a fuego medio durante 35 minutos.
3. Divida la mezcla en platos y sirva.

Nutrición: calorías 489, grasas 12,1, fibra 16,4, carbohidratos 42,4, proteínas 51,5

Pavo con Frijoles y Aceitunas

Tiempo de preparación: 10 minutos
Tiempo de cocción: 35 minutos
Porciones: 4

Ingredientes:
- 1 taza de frijoles negros, sin sal agregada y escurridos
- 1 taza de aceitunas verdes, deshuesadas y cortadas por la mitad
- 1 libra de pechuga de pavo, sin piel, deshuesada y en rodajas
- 1 cucharada de cilantro, picado
- 1 taza de salsa de tomate, sin sal agregada
- 1 cucharada de aceite de oliva

Direcciones:
1. Engrasa una fuente para horno con el aceite, acomoda las rebanadas de pavo adentro, agrega también los demás ingredientes, coloca en el horno y hornea a 380 grados F por 35 minutos.
2. Dividir en platos y servir.

Nutrición: calorías 331, grasas 6,4, fibra 9, carbohidratos 38,5, proteínas 30,7

Quinoa con pollo y tomate

Tiempo de preparación: 10 minutos
Tiempo de cocción: 35 minutos
Porciones: 8

Ingredientes:
- 1 cucharada de aceite de oliva
- 2 libras de pechugas de pollo, sin piel, deshuesadas y cortadas por la mitad
- 1 cucharadita de romero, molido
- Una pizca de sal y pimienta negra
- 2 chalotes, picados
- 1 cucharada de aceite de oliva
- 3 cucharadas de salsa de tomate baja en sodio
- 2 tazas de quinua, ya cocida

Direcciones:
1. Calienta una sartén con el aceite a fuego medio-alto, agrega la carne y las chalotas y dora por 2 minutos por cada lado.
2. Agrega el romero y los demás ingredientes, mezcla, coloca en el horno y hornea a 370 grados F por 30 minutos.
3. Divida la mezcla en platos y sirva.

Nutrición: calorías 406, grasas 14,5, fibra 3,1, carbohidratos 28,1, proteínas 39

Alitas de pollo especiadas

Tiempo de preparación: 10 minutos
Tiempo de cocción: 20 minutos
Porciones: 4

Ingredientes:
- 2 libras de alitas de pollo
- 2 cucharaditas de pimienta de Jamaica, molida
- 2 cucharadas de aceite de aguacate
- 5 dientes de ajo, picados
- Pimienta negra al gusto
- 2 cucharadas de cebollino, picado

Direcciones:
1. En un bol, combine las alitas de pollo con la pimienta de Jamaica y los demás ingredientes y mezcle bien.
2. Coloque las alitas de pollo en una fuente para asar y cocine a 400 grados F durante 20 minutos.
3. Divida las alitas de pollo en platos y sirva.

Nutrición: calorías 449, grasas 17,8, fibra 0,6, carbohidratos 2,4, proteínas 66,1

Pollo y guisantes

Tiempo de preparación: 10 minutos
Tiempo de cocción: 30 minutos
Porciones: 4

Ingredientes:
- 2 libras de pechugas de pollo, sin piel, deshuesadas y en cubos
- 2 tazas de guisantes
- 2 cucharadas de aceite de oliva
- 1 cebolla morada, picada
- 1 taza de salsa de tomate en lata, sin sal agregada
- 2 cucharadas de perejil, picado
- Una pizca de pimienta negra

Direcciones:
1. Calienta una sartén con el aceite a fuego medio, agrega la cebolla y la carne y dora por 5 minutos.
2. Agrega los guisantes y el resto de los ingredientes, lleva a ebullición y cocina a fuego medio durante 25 minutos.
3. Divida la mezcla en platos y sirva.

Nutrición: calorías 551, grasas 24,2, fibra 3,8, carbohidratos 11,7, proteínas 69,4

Mezcla de pollo y lentejas

Tiempo de preparación: 10 minutos
Tiempo de cocción: 25 minutos
Porciones: 4

Ingredientes:
- 1 taza de tomates enlatados, sin sal agregada, picados
- Pimienta negra al gusto
- 1 cucharada de pasta de chipotle
- 1 libra de pechuga de pollo, sin piel, deshuesada y en cubos
- 2 tazas de lentejas enlatadas, sin sal agregada, escurridas y enjuagadas
- ½ cucharada de aceite de oliva
- 1 cebolla amarilla, picada
- 2 cucharadas de cilantro, picado

Direcciones:
1. Calienta una sartén con el aceite a fuego medio, agrega la cebolla y la pasta de chipotle, revuelve y saltea por 5 minutos.
2. Agrega el pollo, revuelve y dora por 5 minutos.
3. Agrega el resto de los ingredientes, mezcla, cocina todo por 15 minutos, divide en tazones y sirve.

Nutrición: calorías 369, grasas 17,6, fibra 9, carbohidratos 44,8, proteínas 23,5

Pollo y coliflor

Tiempo de preparación: 5 minutos
Tiempo de cocción: 25 minutos
Porciones: 4

Ingredientes:
- 1 libra de pechuga de pollo, sin piel, deshuesada y en cubos
- 2 tazas de floretes de coliflor
- 1 cucharada de aceite de oliva
- 1 cebolla morada, picada
- 1 cucharada de vinagre balsámico
- ½ taza de pimiento rojo, picado
- Una pizca de pimienta negra
- 2 dientes de ajo, picados
- ½ taza de caldo de pollo bajo en sodio
- 1 taza de tomates enlatados, sin sal agregada, picados

Direcciones:
1. Calienta una sartén con el aceite a fuego medio-alto, agrega la cebolla, el ajo y la carne y sofríe por 5 minutos.
2. Agrega el resto de los ingredientes, mezcla y cocina a fuego medio durante 20 minutos.
3. Divida todo en tazones y sirva para el almuerzo.

Nutrición: calorías 366, grasas 12, fibra 5,6, carbohidratos 44,3, proteínas 23,7

Sopa de tomate y zanahoria y albahaca

Tiempo de preparación: 10 minutos
Tiempo de cocción: 20 minutos
Porciones: 4

Ingredientes:
- 3 dientes de ajo, picados
- 1 cebolla amarilla, picada
- 3 zanahorias, picadas
- 1 cucharada de aceite de oliva
- 20 onzas de tomates asados, sin sal agregada
- 2 tazas de caldo de verduras bajo en sodio
- 1 cucharada de albahaca, seca
- 1 taza de crema de coco
- Una pizca de pimienta negra

Direcciones:
1. Calienta una sartén con el aceite a fuego medio, agrega la cebolla y el ajo y sofríe por 5 minutos.
2. Agrega el resto de los ingredientes, revuelve, lleva a ebullición, cocina por 15 minutos, licúa la sopa con una batidora de mano, divide en tazones y sirve para el almuerzo.

Nutrición: calorías 244, grasas 17,8, fibra 4,7, carbohidratos 18,6, proteínas 3,8

Cerdo con batatas

Tiempo de preparación: 10 minutos
Tiempo de cocción: 30 minutos
Porciones: 4

Ingredientes:
- 4 chuletas de cerdo deshuesadas
- 1 libra de batatas, peladas y cortadas en cuartos
- 1 cucharada de aceite de oliva
- 1 taza de caldo de verduras, bajo en sodio
- Una pizca de pimienta negra
- 1 cucharadita de orégano, seco
- 1 cucharadita de romero, seco
- 1 cucharadita de albahaca, seca

Direcciones:
1. Calienta una sartén con el aceite a fuego medio-alto, agrega las chuletas de cerdo y cocina por 4 minutos por cada lado.
2. Agrega los boniatos y el resto de los ingredientes, tapa y cocina a fuego medio durante 20 minutos más, revolviendo de vez en cuando.
3. Divida todo entre platos y sirva.

Nutrición: calorías 424, grasas 23,7, fibra 5,1, carbohidratos 32,3, proteínas 19,9

Sopa De Trucha Y Zanahoria

Tiempo de preparación: 10 minutos
Tiempo de cocción: 25 minutos
Porciones: 4

Ingredientes:
- 1 cebolla amarilla, picada
- 12 tazas de caldo de pescado bajo en sodio
- 1 libra de zanahorias, en rodajas
- 1 libra de filetes de trucha, deshuesados, sin piel y en cubos
- 1 cucharada de pimentón dulce
- 1 taza de tomates, cortados en cubos
- 1 cucharada de aceite de oliva
- Pimienta negra al gusto

Direcciones:
1. Calienta una sartén con el aceite a fuego medio-alto, agrega la cebolla, revuelve y sofríe por 5 minutos.
2. Agrega el pescado, las zanahorias y el resto de los ingredientes, lleva a ebullición y cocina a fuego medio durante 20 minutos.
3. Sirva la sopa en tazones y sirva.

Nutrición: calorías 361, grasas 13,4, fibra 4,6, carbohidratos 164, proteínas 44,1

Estofado de pavo e hinojo

Tiempo de preparación: 10 minutos
Tiempo de cocción: 45 minutos
Porciones: 4

Ingredientes:
- 1 pechuga de pavo, sin piel, deshuesada y cortada en cubos
- 2 bulbos de hinojo, rebanados
- 1 cucharada de aceite de oliva
- 2 hojas de laurel
- 1 cebolla amarilla, picada
- 1 taza de tomates enlatados, sin sal agregada
- 2 caldos de carne bajos en sodio
- 3 dientes de ajo, picados
- Pimienta negra al gusto

Direcciones:
1. Calienta una sartén con el aceite a fuego medio, agrega la cebolla y la carne y dora por 5 minutos.
2. Agrega el hinojo y el resto de los ingredientes, lleva a ebullición y cocina a fuego medio durante 40 minutos, revolviendo de vez en cuando.
3. Divida el guiso en tazones y sirva.

Nutrición: calorías 371, grasas 12,8, fibra 5,3, carbohidratos 16,7, proteínas 11,9

sopa de berenjena

Tiempo de preparación: 10 minutos
Tiempo de cocción: 30 minutos
Porciones: 4

Ingredientes:
- 2 berenjenas grandes, cortadas en cubos grandes
- 1 litro de caldo de verduras bajo en sodio
- 2 cucharadas de pasta de tomate sin sal añadida
- 1 cebolla morada, picada
- 1 cucharada de aceite de oliva
- 1 cucharada de cilantro, picado
- Una pizca de pimienta negra

Direcciones:
1. Calienta una sartén con el aceite a fuego medio, agrega la cebolla, revuelve y fríe por 5 minutos.
2. Agrega la berenjena y los demás ingredientes, lleva a ebullición a fuego medio, cocina por 25 minutos, divide en tazones y sirve.

Nutrición: calorías 335, grasas 14,4, fibra 5, carbohidratos 16,1, proteínas 8,4

Crema de boniato

Tiempo de preparación: 10 minutos
Tiempo de cocción: 25 minutos
Porciones: 4

Ingredientes:
- 4 tazas de caldo de verduras
- 2 cucharadas de aceite de aguacate
- 2 batatas, peladas y cortadas en cubos
- 2 cebollas amarillas, picadas
- 2 dientes de ajo, picados
- 1 taza de leche de coco
- Una pizca de pimienta negra
- ½ cucharadita de albahaca, picada

Direcciones:
1. Calienta una sartén con el aceite a fuego medio, agrega la cebolla y el ajo, revuelve y fríe por 5 minutos.
2. Agrega los camotes y el resto de los ingredientes, lleva a ebullición y cocina a fuego medio durante 20 minutos.
3. Licue la sopa con una batidora de mano, viértala en tazones y sirva para el almuerzo.

Nutrición: calorías 303, grasas 14,4, fibra 4, carbohidratos 9,8, proteínas 4,5

Sopa De Pollo Y Champiñones

Tiempo de preparación: 10 minutos
Tiempo de cocción: 30 minutos
Porciones: 4

Ingredientes:
- 1 litro de caldo de verduras bajo en sodio
- 1 cucharada de jengibre rallado
- 1 cebolla amarilla, picada
- 1 cucharada de aceite de oliva
- 1 libra de pechuga de pollo, sin piel, deshuesada y en cubos
- ½ libra de champiñones blancos, rebanados
- 4 chiles tailandeses, picados
- ¼ de taza de jugo de lima
- ¼ de taza de cilantro, picado
- Una pizca de pimienta negra

Direcciones:
1. Calienta una sartén con el aceite a fuego medio, agrega la cebolla, el jengibre, los chiles y la carne, revuelve y fríe por 5 minutos.
2. Agrega los champiñones, revuelve y cocina 5 minutos más.
3. Agrega el resto de los ingredientes, lleva a ebullición y cocina a fuego medio durante 20 minutos más.
4. Vierta la sopa en tazones y sirva inmediatamente.

Nutrición: calorías 226, grasas 8,4, fibra 3,3, carbohidratos 13,6, proteínas 28,2

Sartén De Salmón Y Lima

Tiempo de preparación: 10 minutos
Tiempo de cocción: 20 minutos
Porciones: 4

Ingredientes:
- 4 filetes de salmón, deshuesados
- 3 dientes de ajo, picados
- 1 cebolla amarilla, picada
- Pimienta negra al gusto
- 2 cucharadas de aceite de oliva
- Zumo de 1 lima
- 1 cucharada de ralladura de lima, rallada
- 1 cucharada de tomillo, picado

Direcciones:
1. Calienta una sartén con el aceite a fuego medio-alto, agrega la cebolla y el ajo, revuelve y sofríe por 5 minutos.
2. Agrega el pescado y cocina por 3 minutos por cada lado.
3. Agrega el resto de los ingredientes, cocina por 10 minutos más, divide en platos y sirve para el almuerzo.

Nutrición: calorías 315, grasas 18,1, fibra 1,1, carbohidratos 4,9, proteínas 35,1

Ensalada de papas

Tiempo de preparación: 10 minutos
Tiempo de cocción: 20 minutos
Porciones: 4

Ingredientes:
- 2 tomates, picados
- 2 aguacates, sin hueso y picados
- 2 tazas de espinacas tiernas
- 2 cebollas verdes, picadas
- 1 libra de papas doradas, hervidas, peladas y cortadas en cuartos
- 1 cucharada de aceite de oliva
- 1 cucharada de jugo de limón
- 1 cebolla amarilla, picada
- 2 dientes de ajo, picados
- Pimienta negra al gusto
- 1 manojo de cilantro, picado

Direcciones:
1. Calienta una sartén con aceite a fuego medio-alto, agrega la cebolla, las cebolletas y el ajo, revuelve y saltea por 5 minutos.
2. Agrega las patatas, mezcla suavemente y cocina 5 minutos más.
3. Agrega el resto de los ingredientes, mezcla, cocina a fuego medio por 10 minutos más, divide en tazones y sirve para el almuerzo.

Nutrición: calorías 342, grasas 23,4, fibra 11,7, carbohidratos 33,5, proteínas 5

Sartén de carne molida y tomate

Tiempo de preparación: 10 minutos
Tiempo de cocción: 20 minutos
Porciones: 4

Ingredientes:
- 1 libra de carne molida
- 1 cebolla morada, picada
- 1 cucharada de aceite de oliva
- 1 taza de tomates cherry, cortados por la mitad
- ½ pimiento rojo, picado
- Pimienta negra al gusto
- 1 cucharada de cebollino, picado
- 1 cucharada de romero, picado
- 3 cucharadas de caldo de res bajo en sodio

Direcciones:
1. Calienta una sartén con el aceite a fuego medio, agrega la cebolla y el pimiento, revuelve y sofríe por 5 minutos.
2. Agrega la carne, revuelve y dora por otros 5 minutos.
3. Agrega el resto de los ingredientes, mezcla, cocina por 10 minutos, divide en tazones y sirve para el almuerzo.

Nutrición: calorías 320, grasas 11,3, fibra 4,4, carbohidratos 18,4, proteínas 9

Ensalada de camarones y aguacate

Tiempo de preparación: 5 minutos
Tiempo de cocción: 0 minutos
Porciones: 4

Ingredientes:
- 1 naranja, pelada y cortada en cuartos
- 1 libra de camarones, cocidos, pelados y desvenados
- 2 tazas de rúcula tierna
- 1 aguacate, sin hueso, pelado y cortado en cubos
- 2 cucharadas de aceite de oliva
- 2 cucharadas de vinagre balsámico
- Jugo de ½ naranja
- Sal y pimienta negra

Direcciones:
1. En una ensaladera, combine los camarones con las naranjas y los demás ingredientes, mezcle y sirva para el almuerzo.

Nutrición: calorías 300, grasas 5,2, fibra 2, carbohidratos 11,4, proteínas 6,7

crema de brócoli

Tiempo de preparación: 10 minutos
Tiempo de cocción: 40 minutos
Porciones: 4

Ingredientes:
- 2 libras de floretes de brócoli
- 1 cebolla amarilla, picada
- 1 cucharada de aceite de oliva
- Pimienta negra al gusto
- 2 dientes de ajo, picados
- 3 tazas de caldo de res bajo en sodio
- 1 taza de leche de coco
- 2 cucharadas de cilantro, picado

Direcciones:
1. Calienta una sartén con el aceite a fuego medio, agrega la cebolla y el ajo, revuelve y fríe por 5 minutos.
2. Agrega el brócoli y otros ingredientes excepto la leche de coco, lleva a ebullición y cocina a fuego medio por 35 minutos más.
3. Licúa la sopa con una batidora de mano, agrega la leche de coco, licúa nuevamente, divide en tazones y sirve.

Nutrición: calorías 330, grasas 11,2, fibra 9,1, carbohidratos 16,4, proteínas 9,7

Sopa de repollo

Tiempo de preparación: 10 minutos
Tiempo de cocción: 40 minutos
Porciones: 4

Ingredientes:
- 1 cabeza grande de repollo verde, rallado grueso
- 1 cebolla amarilla, picada
- 1 cucharada de aceite de oliva
- Pimienta negra al gusto
- 1 puerro, picado
- 2 tazas de tomates enlatados, bajos en sodio
- 4 tazas de caldo de pollo, bajo en sodio
- 1 cucharada de cilantro, picado

Direcciones:
1. Calienta una sartén con el aceite a fuego medio, agrega la cebolla y el puerro, revuelve y cocina por 5 minutos.
2. Agrega el repollo y el resto de los ingredientes excepto el cilantro, lleva a ebullición y cocina a fuego medio por 35 minutos.
3. Sirva la sopa en tazones, espolvoree con cilantro y sirva.

Nutrición: calorías 340, grasas 11,7, fibra 6, carbohidratos 25,8, proteínas 11,8

Sopa de apio y coliflor

Tiempo de preparación: 10 minutos
Tiempo de cocción: 40 minutos
Porciones: 4

Ingredientes:
- 2 libras de floretes de coliflor
- 1 cebolla morada, picada
- 1 cucharada de aceite de oliva
- 1 taza de puré de tomate
- Pimienta negra al gusto
- 1 taza de apio, picado
- 6 tazas de caldo de pollo bajo en sodio
- 1 cucharada de eneldo, picado

Direcciones:
4. Calienta una sartén con el aceite a fuego medio-alto, agrega la cebolla y el apio, revuelve y saltea por 5 minutos.
5. Agrega la coliflor y el resto de los ingredientes, lleva a ebullición y cocina a fuego medio por 35 minutos más.
6. Divida la sopa en tazones y sirva.

Nutrición: calorías 135, grasa 4, fibra 8, carbohidratos 21,4, proteínas 7,7

Sopa De Cerdo Y Puerro

Tiempo de preparación: 10 minutos
Tiempo de cocción: 40 minutos
Porciones: 4

Ingredientes:
- 1 libra de carne de cerdo para estofado, en cubitos
- Pimienta negra al gusto
- 5 puerros, picados
- 1 cebolla amarilla, picada
- 2 cucharadas de aceite de oliva
- 1 cucharada de perejil, picado
- 6 tazas de caldo de res bajo en sodio

Direcciones:
4. Calienta una sartén con el aceite a fuego medio-alto, agrega la cebolla y los puerros, revuelve y sofríe durante 5 minutos.
5. Agrega la carne, revuelve y dora por 5 minutos más.
6. Agrega el resto de los ingredientes, lleva a ebullición y cocina a fuego medio durante 30 minutos.
7. Sirva la sopa en tazones y sirva.

Nutrición: calorías 395, grasas 18,3, fibra 2,6, carbohidratos 18,4, proteínas 38,2

Ensalada De Camarones Y Brócoli A La Menta

Tiempo de preparación: 5 minutos
Tiempo de cocción: 20 minutos
Porciones: 4

Ingredientes:
- 1/3 taza de caldo de verduras bajo en sodio
- 2 cucharadas de aceite de oliva
- 2 tazas de floretes de brócoli
- 1 libra de camarones, pelados y desvenados
- Pimienta negra al gusto
- 1 cebolla amarilla, picada
- 4 tomates cherry, cortados por la mitad
- 2 dientes de ajo, picados
- Jugo de ½ limón
- ½ taza de aceitunas kalamata, sin hueso y partidas por la mitad
- 1 cucharada de menta, picada

Direcciones:
1. Calienta una sartén con el aceite a fuego medio-alto, agrega la cebolla y el ajo, revuelve y sofríe por 3 minutos.
2. Agrega los camarones, mezcla y cocina 2 minutos más.
3. Agrega el brócoli y los demás ingredientes, mezcla, cocina por 10 minutos, divide en tazones y sirve para el almuerzo.

Nutrición: calorías 270, grasas 11,3, fibra 4,1, carbohidratos 14,3, proteínas 28,9

Sopa De Camarones Y Bacalao

Tiempo de preparación: 10 minutos
Tiempo de cocción: 20 minutos
Porciones: 4

Ingredientes:
- 1 litro de caldo de pollo bajo en sodio
- ½ libra de camarones pelados y desvenados
- ½ libra de filetes de bacalao, deshuesados, sin piel y cortados en cubos
- 2 cucharadas de aceite de oliva
- 2 cucharaditas de chile en polvo
- 1 cucharadita de pimentón dulce
- 2 chalotes, picados
- Una pizca de pimienta negra
- 1 cucharada de eneldo, picado

Direcciones:
1. Calienta una sartén con el aceite a fuego medio, agrega las chalotas, revuelve y fríe por 5 minutos.
2. Añade las gambas y el bacalao y cocina 5 minutos más.
3. Agrega el resto de los ingredientes, lleva a ebullición y cocina a fuego medio durante 10 minutos.
4. Divida la sopa en tazones y sirva.

Nutrición: calorías 189, grasas 8,8, fibra 0,8, carbohidratos 3,2, proteínas 24,6

Camarones mixtos y cebollas verdes

Tiempo de preparación: 10 minutos
Tiempo de cocción: 10 minutos
Porciones: 4

Ingredientes:
- 2 libras de camarones pelados y desvenados
- 1 taza de tomates cherry, cortados por la mitad
- 1 cucharada de aceite de oliva
- 4 cebollas verdes, picadas
- 1 cucharada de vinagre balsámico
- 1 cucharada de cebollino, picado

Direcciones:
1. Calienta una sartén con el aceite a fuego medio, agrega la cebolla y los tomates cherry, revuelve y sofríe por 4 minutos.
2. Agrega los camarones y los demás ingredientes, cocina 6 minutos más, divide en platos y sirve.

Nutrición: calorías 313, grasas 7,5, fibra 1, carbohidratos 6,4, proteínas 52,4

guiso de espinacas

Tiempo de preparación: 10 minutos
Tiempo de cocción: 15 minutos
Porciones: 4

Ingredientes:
- 1 cucharada de aceite de oliva
- 1 cucharadita de jengibre rallado
- 2 dientes de ajo, picados
- 1 cebolla amarilla, picada
- 2 tomates, picados
- 1 taza de tomates enlatados, sin sal agregada
- 1 cucharadita de comino molido
- Una pizca de pimienta negra
- 1 taza de caldo de verduras bajo en sodio
- 2 libras de hojas de espinaca

Direcciones:
1. Calienta una sartén con el aceite a fuego medio, agrega el jengibre, el ajo y la cebolla, revuelve y fríe por 5 minutos.
2. Agregue los tomates, los tomates enlatados y otros ingredientes, mezcle suavemente, deje hervir y cocine 10 minutos más.
3. Divida el guiso en tazones y sirva.

Nutrición: calorías 123, grasas 4,8, fibra 7,3, carbohidratos 17, proteínas 8,2

Mezcla de coliflor al curry

Tiempo de preparación: 10 minutos
Tiempo de cocción: 25 minutos
Porciones: 4

Ingredientes:
- 1 cebolla morada, picada
- 1 cucharada de aceite de oliva
- 2 dientes de ajo, picados
- 1 pimiento rojo, picado
- 1 pimiento verde, picado
- 1 cucharada de jugo de lima
- 1 libra de floretes de coliflor
- 14 onzas de tomates enlatados, picados
- 2 cucharaditas de curry en polvo
- Una pizca de pimienta negra
- 2 tazas de crema de coco
- 1 cucharada de cilantro, picado

Direcciones:
1. Calienta una sartén con el aceite a fuego medio, agrega la cebolla y el ajo, mezcla y cocina por 5 minutos.
2. Agrega los pimientos y demás ingredientes, lleva todo a ebullición y cocina a fuego medio durante 20 minutos.
3. Dividir todo en tazones y servir.

Nutrición: calorías 270, grasas 7,7, fibra 5,4, carbohidratos 12,9, proteínas 7

Guiso de zanahoria y calabacín

Tiempo de preparación: 10 minutos
Tiempo de cocción: 30 minutos
Porciones: 4

Ingredientes:
- 1 cebolla amarilla, picada
- 2 cucharadas de aceite de oliva
- 2 dientes de ajo, picados
- 4 calabacines, rebanados
- 2 zanahorias, en rodajas
- 1 cucharadita de pimentón dulce
- ¼ cucharadita de chile en polvo
- Una pizca de pimienta negra
- ½ taza de tomates, picados
- 2 tazas de caldo de verduras bajo en sodio
- 1 cucharada de cebollino, picado
- 1 cucharada de romero, picado

Direcciones:
1. Calienta una sartén con el aceite a fuego medio, agrega la cebolla y el ajo, revuelve y fríe por 5 minutos.
2. Agrega los calabacines, las zanahorias y los demás ingredientes, lleva a ebullición y cocina por 25 minutos más.
3. Divida el guiso en tazones y sírvalo inmediatamente para el almuerzo.

Nutrición: calorías 272, grasas 4,6, fibra 4,7, carbohidratos 14,9, proteínas 9

Estofado de repollo y judías verdes

Tiempo de preparación: 10 minutos
Tiempo de cocción: 25 minutos
Porciones: 4

Ingredientes:
- 2 cucharadas de aceite de oliva
- 1 cabeza de col lombarda, rallada
- 1 cebolla morada, picada
- 1 libra de judías verdes, peladas y cortadas por la mitad
- 2 dientes de ajo, picados
- 7 onzas de tomates enlatados, picados sin sal agregada
- 2 tazas de caldo de verduras bajo en sodio
- Una pizca de pimienta negra
- 1 cucharada de eneldo, picado

Direcciones:
1. Calienta una sartén con el aceite a fuego medio, agrega la cebolla y el ajo, revuelve y sofríe por 5 minutos.
2. Agregue el repollo y los demás ingredientes, revuelva, tape y cocine a fuego medio durante 20 minutos.
3. Dividir en tazones y servir para el almuerzo.

Nutrición: calorías 281, grasas 8,5, fibra 7,1, carbohidratos 14,9, proteínas 6,7

Sopa De Champiñones Y Chile

Tiempo de preparación: 5 minutos
Tiempo de cocción: 30 minutos
Porciones: 4

Ingredientes:
- 1 cebolla amarilla, picada
- 1 cucharada de aceite de oliva
- 1 pimiento rojo, picado
- 1 cucharadita de chile en polvo
- ½ cucharadita de pimentón picante
- 4 dientes de ajo, picados
- 1 libra de champiñones blancos, rebanados
- 6 tazas de caldo de verduras bajo en sodio
- 1 taza de tomates, picados
- ½ cucharada de perejil picado

Direcciones:
1. Calienta una sartén con el aceite, a fuego medio, agrega la cebolla, el chile, el pimentón picante, el chile en polvo y el ajo, revuelve y sofríe por 5 minutos.
2. Agrega los champiñones, revuelve y cocina 5 minutos más.
3. Agrega el resto de los ingredientes, lleva a ebullición y cocina a fuego medio durante 20 minutos.
4. Divida la sopa en tazones y sirva.

Nutrición: calorías 290, grasas 6,6, fibra 4,6, carbohidratos 16,9, proteínas 10

153

cerdo con chile

Tiempo de preparación: 10 minutos
Tiempo de cocción: 30 minutos
Porciones: 4

Ingredientes:
- 2 libras de carne de cerdo para estofado, en cubitos
- 2 cucharadas de pasta de chile
- 1 cebolla amarilla, picada
- 2 dientes de ajo, picados
- 1 cucharada de aceite de oliva
- 2 tazas de caldo de res bajo en sodio
- 1 cucharada de orégano, picado

Direcciones:
1. Calienta un sartén con el aceite, a fuego medio-alto, agrega la cebolla y el ajo, revuelve y sofríe por 5 minutos.
2. Agrega la carne y dora por 5 minutos más.
3. Agrega el resto de los ingredientes, lleva a ebullición y cocina a fuego medio durante 20 minutos más.
4. Divida la mezcla en tazones y sirva.

Nutrición: calorías 363, grasas 8,6, fibra 7, carbohidratos 17,3, proteínas 18,4

Ensalada de champiñones con pimentón y salmón

Tiempo de preparación: 10 minutos
Tiempo de cocción: 20 minutos
Porciones: 4

Ingredientes:
- 10 onzas de salmón ahumado, bajo en sodio, deshuesado, sin piel y en cubos
- 2 cebollas verdes, picadas
- 2 pimientos rojos, picados
- 1 cucharada de aceite de oliva
- ½ cucharadita de orégano, seco
- ½ cucharadita de pimentón ahumado
- Una pizca de pimienta negra
- 8 onzas de champiñones blancos, rebanados
- 1 cucharada de jugo de limón
- 1 taza de aceitunas negras, deshuesadas y cortadas por la mitad
- 1 cucharada de perejil, picado

Direcciones:
1. Calienta una sartén con el aceite a fuego medio, agrega la cebolla y los chiles, revuelve y cocina por 4 minutos.
2. Agrega los champiñones, revuelve y dóralos durante 5 minutos.
3. Agrega el salmón y los demás ingredientes, mezcla, cocina por 10 minutos más, divide en tazones y sirve para el almuerzo.

Nutrición:calorías 321, grasas 8,5, fibra 8, carbohidratos 22,2, proteínas 13,5

Mezcla de garbanzos y patatas

Tiempo de preparación: 10 minutos
Tiempo de cocción: 30 minutos
Porciones: 4

Ingredientes:
- 2 cucharadas de aceite de oliva
- 1 taza de garbanzos enlatados, sin sal agregada, escurridos y enjuagados
- 1 libra de batatas, peladas y cortadas en cuartos
- 4 dientes de ajo, picados
- 2 chalotes, picados
- 1 taza de tomates enlatados, sin sal agregada y picados
- 1 cucharadita de cilantro molido
- 2 tomates, picados
- 1 taza de caldo de verduras bajo en sodio
- Una pizca de pimienta negra
- 1 cucharada de jugo de limón
- 1 cucharada de cilantro, picado

Direcciones:
1. Calienta una sartén con el aceite a fuego medio, agrega las chalotas y el ajo, revuelve y saltea por 5 minutos.
2. Agrega los garbanzos, las patatas y el resto de ingredientes, lleva a ebullición y cocina a fuego medio durante 25 minutos.
3. Divida todo en tazones y sirva para el almuerzo.

Nutrición:calorías 341, grasas 11,7, fibra 6, carbohidratos 14,9, proteínas 18,7

Mezcla de pollo al cardamomo

Tiempo de preparación: 10 minutos
Tiempo de cocción: 30 minutos
Porciones: 4

Ingredientes:
- 1 cucharada de aceite de oliva
- 1 libra de pechuga de pollo, sin piel, deshuesada y en cubos
- 1 chalota, picada
- 1 cucharada de jengibre rallado
- 2 dientes de ajo, picados
- 1 cucharadita de cardamomo molido
- ½ cucharadita de cúrcuma en polvo
- 1 cucharadita de jugo de lima
- 1 taza de caldo de pollo bajo en sodio
- 1 cucharada de cilantro, picado

Direcciones:
1. Calienta una sartén con el aceite a fuego medio-alto, agrega la chalota, el jengibre, el ajo, el cardamomo y la cúrcuma, revuelve y saltea por 5 minutos.
2. Añade la carne y dórala durante 5 minutos.
3. Agrega el resto de los ingredientes, lleva todo a ebullición y cocina por 20 minutos.
4. Divide la mezcla en tazones y sirva.

Nutrición: calorías 175, grasas 6,5, fibra 0,5, carbohidratos 3,3, proteínas 24,7

Chile De Lentejas

Tiempo de preparación: 10 minutos
Tiempo de cocción: 35 minutos
Porciones: 6

Ingredientes:
- 1 pimiento verde, picado
- 1 cucharada de aceite de oliva
- 2 cebolletas, picadas
- 2 dientes de ajo, picados
- 24 onzas de lentejas enlatadas, sin sal agregada, escurridas y enjuagadas
- 2 tazas de caldo de verduras
- 2 cucharadas de chile en polvo, suave
- ½ cucharadita de chipotle en polvo
- 30 onzas de tomates enlatados, sin sal agregada, picados
- Una pizca de pimienta negra

Direcciones:
1. Calienta una sartén con el aceite a fuego medio, agrega la cebolla y el ajo, revuelve y saltea por 5 minutos.
2. Agrega el pimiento, las lentejas y demás ingredientes, lleva a ebullición y cocina a fuego medio durante 30 minutos.
3. Divida el chile en tazones y sírvalo para el almuerzo.

Nutrición: calorías 466, grasas 5, fibra 37,6, carbohidratos 77,9, proteínas 31,2

Recetas de guarniciones de la dieta Dash

Endibias al romero

Tiempo de preparación: 10 minutos
Tiempo de cocción: 20 minutos
Porciones: 4

Ingredientes:
- 2 endibias, cortadas por la mitad a lo largo
- 2 cucharadas de aceite de oliva
- 1 cucharadita de romero, seco
- ½ cucharadita de cúrcuma en polvo
- Una pizca de pimienta negra

Direcciones:
1. En una fuente para horno, combine las endibias con el aceite y otros ingredientes, revuelva suavemente, colóquelas en el horno y hornee a 400 grados F durante 20 minutos.
2. Dividir en platos y servir como guarnición.

Nutrición: calorías 66, grasas 7,1, fibra 1, carbohidratos 1,2, proteínas 0,3

Endibias al limón

Tiempo de preparación: 10 minutos
Tiempo de cocción: 20 minutos
Porciones: 4

Ingredientes:
- 4 endibias, cortadas por la mitad a lo largo
- 1 cucharada de jugo de limón
- 1 cucharada de ralladura de limón, rallada
- 2 cucharadas de parmesano sin grasa, rallado
- 2 cucharadas de aceite de oliva
- Una pizca de pimienta negra

Direcciones:
1. En una fuente para horno, combine las endibias con el jugo de limón y los demás ingredientes excepto el parmesano y mezcle.
2. Espolvoree el parmesano encima, cocine las endibias a 400 grados F durante 20 minutos, divídalas en platos y sirva como guarnición.

Nutrición: calorías 71, grasas 7,1, fibra 0,9, carbohidratos 2,3, proteínas 0,9

Espárragos con pesto

Tiempo de preparación: 10 minutos
Tiempo de cocción: 20 minutos
Porciones: 4

Ingredientes:
- 1 libra de espárragos, recortados
- 2 cucharadas de pesto de albahaca
- 1 cucharada de jugo de limón
- Una pizca de pimienta negra
- 3 cucharadas de aceite de oliva
- 2 cucharadas de cilantro, picado

Direcciones:
1. Coloque la bandeja para hornear forrada con los espárragos, agregue el pesto y los demás ingredientes, mezcle, coloque en el horno y hornee a 400 grados F durante 20 minutos.
2. Dividir en platos y servir como guarnición.

Nutrición: calorías 114, grasas 10,7, fibra 2,4, carbohidratos 4,6, proteínas 2,6

Zanahorias Pimentón

Tiempo de preparación: 10 minutos
Tiempo de cocción: 30 minutos
Porciones: 4

Ingredientes:
- 1 libra de zanahorias pequeñas, recortadas
- 1 cucharada de pimentón dulce
- 1 cucharadita de jugo de lima
- 3 cucharadas de aceite de oliva
- Una pizca de pimienta negra
- 1 cucharadita de semillas de sésamo

Direcciones:
1. Coloca las zanahorias en una bandeja para horno cubierta con papel de horno, agrega el pimentón y los demás ingredientes excepto las semillas de sésamo, mezcla, coloca en el horno y cocina a 400 grados F durante 30 minutos.
2. Divida las zanahorias en platos, espolvoree con semillas de sésamo y sirva como guarnición.

Nutrición: calorías 142, grasas 11,3, fibra 4,1, carbohidratos 11,4, proteínas 1,2

Cazuela Cremosa De Patatas

Tiempo de preparación: 10 minutos
Tiempo de cocción: 1 hora
Porciones: 8

Ingredientes:
- 1 libra de papas doradas, peladas y cortadas en cuartos
- 2 cucharadas de aceite de oliva
- 1 cebolla morada, picada
- 2 dientes de ajo, picados
- 2 tazas de crema de coco
- 1 cucharada de tomillo, picado
- ¼ cucharadita de nuez moscada molida
- ½ taza de parmesano bajo en grasa, rallado

Direcciones:
1. Calienta una sartén con el aceite a fuego medio, agrega la cebolla y el ajo y sofríe por 5 minutos.
2. Añade las patatas y dóralas durante 5 minutos más.
3. Agrega la nata y el resto de los ingredientes, mezcla suavemente, lleva a ebullición y cocina a fuego medio por otros 40 minutos.
4. Divida la mezcla en platos y sirva como guarnición.

Nutrición: calorías 230, grasas 19,1, fibra 3,3, carbohidratos 14,3, proteínas 3,6

col de sésamo

Tiempo de preparación: 10 minutos
Tiempo de cocción: 20 minutos
Porciones: 4

Ingredientes:
- 1 libra de repollo verde, rallado grueso
- 2 cucharadas de aceite de oliva
- Una pizca de pimienta negra
- 1 chalota, picada
- 2 dientes de ajo, picados
- 2 cucharadas de vinagre balsámico
- 2 cucharaditas de pimentón picante
- 1 cucharadita de semillas de sésamo

Direcciones:
1. Calienta una sartén con el aceite a fuego medio, agrega la chalota y el ajo y sofríe durante 5 minutos.
2. Agrega el repollo y los demás ingredientes, mezcla, cocina a fuego medio por 15 minutos, divide en platos y sirve.

Nutrición: calorías 101, grasas 7,6, fibra 3,4, carbohidratos 84, proteínas 1,9

Brócoli con cilantro

Tiempo de preparación: 10 minutos
Tiempo de cocción: 30 minutos
Porciones: 4

Ingredientes:
- 2 cucharadas de aceite de oliva
- 1 libra de floretes de brócoli
- 2 dientes de ajo, picados
- 2 cucharadas de salsa de chile
- 1 cucharada de jugo de limón
- Una pizca de pimienta negra
- 2 cucharadas de cilantro, picado

Direcciones:
1. En una fuente para horno, combine el brócoli con el aceite, el ajo y otros ingredientes, revuelva un poco, coloque en el horno y hornee a 400 grados F por 30 minutos.
2. Divida la mezcla en platos y sirva como guarnición.

Nutrición: calorías 103, grasas 7,4, fibra 3, carbohidratos 8,3, proteínas 3,4

Coles de Bruselas con chile

Tiempo de preparación: 10 minutos
Tiempo de cocción: 25 minutos
Porciones: 4

Ingredientes:
- 1 cucharada de aceite de oliva
- 1 libra de coles de Bruselas, recortadas y cortadas por la mitad
- 2 dientes de ajo, picados
- ½ taza de mozzarella baja en grasa, rallada
- Una pizca de hojuelas de pimiento triturado

Direcciones:
1. En una fuente para horno, combine los brotes con el aceite y los demás ingredientes excepto el queso y mezcle.
2. Espolvoree el queso encima, colóquelo en el horno y hornee a 400 grados F durante 25 minutos.
3. Dividir en platos y servir como guarnición.

Nutrición: calorías 91, grasas 4,5, fibra 4,3, carbohidratos 10,9, proteínas 5

Coles de Bruselas mixtas y cebollas verdes

Tiempo de preparación: 10 minutos
Tiempo de cocción: 25 minutos
Porciones: 4

Ingredientes:
- 2 cucharadas de aceite de oliva
- 1 libra de coles de Bruselas, recortadas y cortadas por la mitad
- 3 cebollas verdes, picadas
- 2 dientes de ajo, picados
- 1 cucharada de vinagre balsámico
- 1 cucharada de pimentón dulce
- Una pizca de pimienta negra

Direcciones:
1. En una fuente para horno, combine las coles de Bruselas con el aceite y otros ingredientes, revuelva y hornee a 400 grados F durante 25 minutos.
2. Divida la mezcla en platos y sirva.

Nutrición: calorías 121, grasas 7,6, fibra 5,2, carbohidratos 12,7, proteínas 4,4

Puré de coliflor

Tiempo de preparación: 10 minutos
Tiempo de cocción: 25 minutos
Porciones: 4

Ingredientes:
- 2 libras de floretes de coliflor
- ½ taza de leche de coco
- Una pizca de pimienta negra
- ½ taza de crema agria baja en grasa
- 1 cucharada de cilantro, picado
- 1 cucharada de cebollino, picado

Direcciones:
1. Coloca la coliflor en una cacerola, cubre con agua, lleva a ebullición a fuego medio, cocina por 25 minutos y escurre.
2. Triturar la coliflor, añadir la leche, la pimienta negra y la nata, batir bien, dividir en platos, espolvorear con el resto de los ingredientes y servir.

Nutrición: calorías 188, grasas 13,4, fibra 6,4, carbohidratos 15, proteínas 6,1

Ensalada de aguacate

Tiempo de preparación: 5 minutos
Tiempo de cocción: 0 minutos
Porciones: 4

Ingredientes:
- 2 cucharadas de aceite de oliva
- 2 aguacates, pelados, sin hueso y cortados en cuartos
- 1 taza de aceitunas kalamata, sin hueso y partidas por la mitad
- 1 taza de tomates, cortados en cubos
- 1 cucharada de jengibre rallado
- Una pizca de pimienta negra
- 2 tazas de rúcula tierna
- 1 cucharada de vinagre balsámico

Direcciones:
1. En un bol, combine los aguacates con la kalamata y otros ingredientes, mezcle y sirva como guarnición.

Nutrición: calorías 320, grasas 30,4, fibra 8,7, carbohidratos 13,9, proteínas 3

Ensalada de rábano

Tiempo de preparación: 5 minutos
Tiempo de cocción: 0 minutos
Porciones: 4

Ingredientes:
- 2 cebollas verdes, en rodajas
- 1 libra de rábanos, en cubos
- 2 cucharadas de vinagre balsámico
- 2 cucharadas de aceite de oliva
- 1 cucharadita de chile en polvo
- 1 taza de aceitunas negras, deshuesadas y cortadas por la mitad
- Una pizca de pimienta negra

Direcciones:
1. En una ensaladera grande, combine los rábanos con las cebollas y otros ingredientes, mezcle y sirva como guarnición.

Nutrición: calorías 123, grasas 10,8, fibra 3,3, carbohidratos 7, proteínas 1,3

Ensalada de escarola al limón

Tiempo de preparación: 5 minutos
Tiempo de cocción: 0 minutos
Porciones: 4

Ingredientes:
- 2 endibias, ralladas gruesas
- 1 cucharada de eneldo, picado
- ¼ taza de jugo de limón
- ¼ taza de aceite de oliva
- 2 tazas de espinacas tiernas
- 2 tomates, en cubos
- 1 pepino, rebanado
- ½ taza de nueces picadas

Direcciones:
1. En un tazón grande, combine las endibias con las espinacas y otros ingredientes, mezcle y sirva como guarnición.

Nutrición: calorías 238, grasas 22,3, fibra 3,1, carbohidratos 8,4, proteínas 5,7

Mezcla de aceitunas y maíz

Tiempo de preparación: 5 minutos
Tiempo de cocción: 0 minutos
Porciones: 4

Ingredientes:
- 2 cucharadas de aceite de oliva
- 1 cucharada de vinagre balsámico
- Una pizca de pimienta negra
- 4 tazas de maíz
- 2 tazas de aceitunas negras, deshuesadas y cortadas por la mitad
- 1 cebolla morada, picada
- ½ taza de tomates cherry, cortados por la mitad
- 1 cucharada de albahaca, picada
- 1 cucharada de jalapeño, picado
- 2 tazas de lechuga romana, rallada

Direcciones:
1. En un tazón grande, combine el maíz con las aceitunas, la lechuga y otros ingredientes, mezcle bien, divida en platos y sirva como guarnición.

Nutrición: calorías 290, grasas 16,1, fibra 7,4, carbohidratos 37,6, proteínas 6,2

Ensalada de rúcula y piñones

Tiempo de preparación: 5 minutos
Tiempo de cocción: 0 minutos
Porciones: 4

Ingredientes:
- ¼ de taza de semillas de granada
- 5 tazas de rúcula tierna
- 6 cucharadas de cebollas verdes, picadas
- 1 cucharada de vinagre balsámico
- 2 cucharadas de aceite de oliva
- 3 cucharadas de piñones
- ½ chalota picada

Direcciones:
1. En una ensaladera combinar la rúcula con la granada y los demás ingredientes, mezclar y servir.

Nutrición: calorías 120, grasas 11,6, fibra 0,9, carbohidratos 4,2, proteínas 1,8

Almendras y espinacas

Tiempo de preparación: 10 minutos
Tiempo de cocción: 0 minutos
Porciones: 4

Ingredientes:
- 2 cucharadas de aceite de oliva
- 2 aguacates, pelados, sin hueso y cortados en cuartos
- 3 tazas de espinacas tiernas
- ¼ de taza de almendras, tostadas y picadas
- 1 cucharada de jugo de limón
- 1 cucharada de cilantro, picado

Direcciones:
1. En un bowl mezcla los aguacates con las almendras, espinacas y demás ingredientes, mezcla y sirve como guarnición.

Nutrición: calorías 181, grasas 4, fibra 4,8, carbohidratos 11,4, proteínas 6

Ensalada De Judías Verdes Y Maíz

Tiempo de preparación: 4 minutos
Tiempo de cocción: 0 minutos
Porciones: 4

Ingredientes:
- Zumo de 1 lima
- 2 tazas de lechuga romana, rallada
- 1 taza de maíz
- ½ libra de judías verdes, blanqueadas y cortadas por la mitad
- 1 pepino, picado
- 1/3 taza de cebollino, picado

Direcciones:
1. En un bol combina las judías verdes con el maíz y los demás ingredientes, mezcla y sirve.

Nutrición: calorías 225, grasas 12, fibra 2,4, carbohidratos 11,2, proteínas 3,5

Ensalada de escarola y col rizada

Tiempo de preparación: 4 minutos
Tiempo de cocción: 0 minutos
Porciones: 4

Ingredientes:
- 3 cucharadas de aceite de oliva
- 2 endibias, cortadas y ralladas
- 2 cucharadas de jugo de lima
- 1 cucharada de ralladura de lima, rallada
- 1 cebolla morada, en rodajas
- 1 cucharada de vinagre balsámico
- 1 libra de col rizada, desmenuzada
- Una pizca de pimienta negra

Direcciones:
1. En un bol, combine las endibias con la col rizada y otros ingredientes, mezcle bien y sirva frías como ensalada.

Nutrición: calorías 270, grasas 11,4, fibra 5, carbohidratos 14,3, proteínas 5,7

Ensalada de edamames

Tiempo de preparación: 5 minutos
Tiempo de cocción: 6 minutos
Porciones: 4

Ingredientes:
- 2 cucharadas de aceite de oliva
- 2 cucharadas de vinagre balsámico
- 2 dientes de ajo, picados
- 3 tazas de edamame, sin cáscara
- 1 cucharada de cebollino, picado
- 2 chalotes, picados

Direcciones:
1. Calienta una sartén con el aceite a fuego medio, agrega el edamame, el ajo y los demás ingredientes, mezcla, cocina por 6 minutos, divide en platos y sirve.

Nutrición: calorías 270, grasas 8,4, fibra 5,3, carbohidratos 11,4, proteínas 6

Ensalada de uvas y aguacate

Tiempo de preparación: 5 minutos
Tiempo de cocción: 0 minutos
Porciones: 4

Ingredientes:
- 2 tazas de espinacas tiernas
- 2 aguacates, pelados, sin hueso y cortados en cubos grandes
- 1 pepino, rebanado
- 1 y ½ tazas de uvas verdes, cortadas por la mitad
- 2 cucharadas de aceite de aguacate
- 1 cucharada de vinagre de sidra
- 2 cucharadas de perejil, picado
- Una pizca de pimienta negra

Direcciones:
1. En una ensaladera, combine las espinacas tiernas con los aguacates y otros ingredientes, mezcle y sirva.

Nutrición: calorías 277, grasas 11,4, fibra 5, carbohidratos 14,6, proteínas 4

Berenjenas mixtas con orégano

Tiempo de preparación: 10 minutos
Tiempo de cocción: 20 minutos
Porciones: 4

Ingredientes:

- 2 berenjenas grandes, cortadas en cubos grandes
- 1 cucharada de orégano, picado
- ½ taza de parmesano bajo en grasa, rallado
- ¼ cucharadita de ajo en polvo
- 2 cucharadas de aceite de oliva
- Una pizca de pimienta negra

Direcciones:

1. En una fuente para horno, combine las berenjenas con el orégano y los demás ingredientes excepto el queso y mezcle.
2. Espolvoree con parmesano encima, colóquelo en el horno y hornee a 370 grados F durante 20 minutos.
3. Dividir en platos y servir como guarnición.

Nutrición: calorías 248, grasas 8,4, fibra 4, carbohidratos 14,3, proteínas 5,4

Mezcla de tomate al horno

Tiempo de preparación: 10 minutos
Tiempo de cocción: 20 minutos
Porciones: 4

Ingredientes:
- 2 libras de tomates, cortados por la mitad
- 1 cucharada de albahaca, picada
- 3 cucharadas de aceite de oliva
- Ralladura de 1 limón rallada
- 3 dientes de ajo, picados
- ¼ de taza de parmesano bajo en grasa, rallado
- Una pizca de pimienta negra

Direcciones:
1. En una fuente para horno, combine los tomates con la albahaca y los demás ingredientes excepto el queso y mezcle.
2. Espolvoree el parmesano encima, colóquelo en el horno a 375 grados F durante 20 minutos, divida en platos y sirva como guarnición.

Nutrición: calorías 224, grasas 12, fibra 4,3, carbohidratos 10,8, proteínas 5,1

Hongos al tomillo

Tiempo de preparación: 10 minutos
Tiempo de cocción: 30 minutos
Porciones: 4

Ingredientes:
- 2 libras de champiñones blancos, cortados por la mitad
- 4 dientes de ajo, picados
- 2 cucharadas de aceite de oliva
- 1 cucharada de tomillo, picado
- 2 cucharadas de perejil, picado
- Pimienta negra al gusto

Direcciones:
1. En una fuente para horno, combine los champiñones con el ajo y otros ingredientes, mezcle, coloque en el horno y hornee a 400 grados F durante 30 minutos.
2. Dividir en platos y servir como guarnición.

Nutrición: calorías 251, grasas 9,3, fibra 4, carbohidratos 13,2, proteínas 6

Salteado de espinacas y maíz

Tiempo de preparación: 10 minutos
Tiempo de cocción: 15 minutos
Porciones: 4

Ingredientes:
- 1 taza de maíz
- 1 libra de hojas de espinaca
- 1 cucharadita de pimentón dulce
- 1 cucharada de aceite de oliva
- 1 cebolla amarilla, picada
- ½ taza de albahaca, desmenuzada
- Una pizca de pimienta negra
- ½ cucharadita de hojuelas de pimiento rojo

Direcciones:
1. Calienta una sartén con el aceite a fuego medio-alto, agrega la cebolla, revuelve y sofríe por 5 minutos.
2. Agrega el maíz, las espinacas y demás ingredientes, mezcla, cocina a fuego medio por 10 minutos más, divide en platos y sirve.

Nutrición: calorías 201, grasas 13,1, fibra 2,5, carbohidratos 14,4, proteínas 3,7

Salteado de Maíz y Cebolleta

Tiempo de preparación: 10 minutos
Tiempo de cocción: 15 minutos
Porciones: 4

Ingredientes:
- 4 tazas de maíz
- 1 cucharada de aceite de aguacate
- 2 chalotes, picados
- 1 cucharadita de chile en polvo
- 2 cucharadas de pasta de tomate, sin sal añadida
- 3 cebollas verdes, picadas
- Una pizca de pimienta negra

Direcciones:
1. Calienta una sartén con el aceite a fuego medio-alto, agrega las cebolletas y el chile en polvo, revuelve y saltea por 5 minutos.
2. Agrega el maíz y los demás ingredientes, mezcla, cocina por 10 minutos más, divide en platos y sirve como guarnición.

Nutrición: calorías 259, grasas 11,1, fibra 2,6, carbohidratos 13,2, proteínas 3,5

Ensalada de espinacas y mango

Tiempo de preparación: 10 minutos
Tiempo de cocción: 0 minutos
Porciones: 4

Ingredientes:
- 1 taza de mango, pelado y en cubos
- 4 tazas de espinacas tiernas
- 1 cucharada de aceite de oliva
- 2 cebolletas, picadas
- 1 cucharada de jugo de limón
- 1 cucharada de alcaparras, escurridas y sin sal agregada
- 1/3 taza de almendras picadas

Direcciones:
1. En un bol combina las espinacas con el mango y los demás ingredientes, mezcla y sirve.

Nutrición: calorías 200, grasas 7,4, fibra 3, carbohidratos 4,7, proteínas 4,4

Patatas A La Mostaza

Tiempo de preparación: 5 minutos
Tiempo de cocción: 1 hora
Porciones: 4

Ingredientes:
- 1 libra de papas doradas, peladas y cortadas en cuartos
- 2 cucharadas de aceite de oliva
- Una pizca de pimienta negra
- 2 cucharadas de romero, picado
- 1 cucharada de mostaza Dijon
- 2 dientes de ajo, picados

Direcciones:
1. En una fuente para horno, combine las papas con el aceite y otros ingredientes, mezcle, colóquelas en el horno a 400 grados F y cocine por aproximadamente 1 hora.
2. Divida en platos y sirva inmediatamente como guarnición.

Nutrición: calorías 237, grasas 11,5, fibra 6,4, carbohidratos 14,2, proteínas 9

Coles de Bruselas con coco

Tiempo de preparación: 5 minutos
Tiempo de cocción: 30 minutos
Porciones: 4

Ingredientes:
- 1 libra de coles de Bruselas, recortadas y cortadas por la mitad
- 1 taza de crema de coco
- 1 cucharada de aceite de oliva
- 2 chalotes, picados
- Una pizca de pimienta negra
- ½ taza de anacardos, picados

Direcciones:
1. En una asadera, combine los brotes con la crema y el resto de los ingredientes, mezcle y hornee por 30 minutos a 350 grados F.
2. Dividir en platos y servir como guarnición.

Nutrición: calorías 270, grasas 6,5, fibra 5,3, carbohidratos 15,9, proteínas 3,4

Zanahorias salvia

Tiempo de preparación: 10 minutos
Tiempo de cocción: 30 minutos
Porciones: 4

Ingredientes:
- 2 cucharadas de aceite de oliva
- 2 cucharaditas de pimentón dulce
- 1 libra de zanahorias, peladas y cortadas en cubos grandes
- 1 cebolla morada, picada
- 1 cucharada de salvia, picada
- Una pizca de pimienta negra

Direcciones:
1. En una fuente para horno, combine las zanahorias con el aceite y otros ingredientes, revuelva y hornee a 380 grados F durante 30 minutos.
2. Dividir en platos y servir.

Nutrición: calorías 200, grasas 8,7, fibra 2,5, carbohidratos 7,9, proteínas 4

Champiñones al ajillo y maíz

Tiempo de preparación: 10 minutos
Tiempo de cocción: 20 minutos
Porciones: 4

Ingredientes:
- 1 libra de champiñones blancos, cortados por la mitad
- 2 tazas de maíz
- 2 cucharadas de aceite de oliva
- 4 dientes de ajo, picados
- 1 taza de tomates enlatados, sin sal agregada, picados
- Una pizca de pimienta negra
- ½ cucharadita de chile en polvo

Direcciones:
1. Calienta un sartén con el aceite a fuego medio, agrega los champiñones, el ajo y el maíz, revuelve y saltea por 10 minutos.
2. Agrega el resto de los ingredientes, mezcla, cocina a fuego medio por 10 minutos más, divide en platos y sirve.

Nutrición: calorías 285, grasas 13, fibra 2,2, carbohidratos 14,6, proteínas 6,7.

Judías verdes con pesto

Tiempo de preparación: 10 minutos
Tiempo de cocción: 15 minutos
Porciones: 4

Ingredientes:
- 2 cucharadas de pesto de albahaca
- 2 cucharaditas de pimentón dulce
- 1 libra de judías verdes, peladas y cortadas por la mitad
- Jugo de 1 limón
- 2 cucharadas de aceite de oliva
- 1 cebolla morada, en rodajas
- Una pizca de pimienta negra

Direcciones:
1. Calienta una sartén con el aceite a fuego medio-alto, agrega la cebolla, revuelve y sofríe por 5 minutos.
2. Agrega los frijoles y el resto de los ingredientes, mezcla, cocina a fuego medio por 10 minutos, divide en platos y sirve.

Nutrición: calorías 280, grasas 10, fibra 7,6, carbohidratos 13,9, proteínas 4,7

Tomates Estragón

Tiempo de preparación: 5 minutos
Tiempo de cocción: 0 minutos
Porciones: 4

Ingredientes:
- 1 y ½ cucharadas de aceite de oliva
- 1 libra de tomates, cortados en cuartos
- 1 cucharada de jugo de lima
- 1 cucharada de ralladura de lima, rallada
- 2 cucharadas de estragón, picado
- Una pizca de pimienta negra

Direcciones:
1. En un bol, combine los tomates con los demás ingredientes, mezcle y sirva como ensalada.

Nutrición: calorías 170, grasa 4, fibra 2.1, carbohidratos 11.8, proteína 6

Remolachas con almendras

Tiempo de preparación: 10 minutos
Tiempo de cocción: 30 minutos
Porciones: 4

Ingredientes:
- 4 remolachas, peladas y cortadas en cuartos
- 3 cucharadas de aceite de oliva
- 2 cucharadas de almendras picadas
- 2 cucharadas de vinagre balsámico
- Una pizca de pimienta negra
- 2 cucharadas de perejil, picado

Direcciones:
1. En una fuente para horno, combine las remolachas con el aceite y otros ingredientes, mezcle, coloque en el horno y hornee a 400 grados F durante 30 minutos.
2. Divida la mezcla en platos y sirva.

Nutrición: calorías 230, grasas 11, fibra 4,2, carbohidratos 7,3, proteínas 3,6

Tomates con menta y maíz

Tiempo de preparación: 5 minutos
Tiempo de cocción: 0 minutos
Porciones: 4

Ingredientes:
- 2 cucharadas de menta, picada
- 1 libra de tomates, cortados en cuartos
- 2 tazas de maíz
- 2 cucharadas de aceite de oliva
- 1 cucharada de vinagre de romero
- Una pizca de pimienta negra

Direcciones:
1. En una ensaladera combinar los tomates con el maíz y los demás ingredientes, mezclar y servir.

¡Disfrutar!

Nutrición: calorías 230, grasas 7,2, fibra 2, carbohidratos 11,6, proteínas 4

Salsa de calabacín y aguacate

Tiempo de preparación: 5 minutos
Tiempo de cocción: 10 minutos
Porciones: 4

Ingredientes:
- 2 cucharadas de aceite de oliva
- 2 calabacines, cortados en cubos
- 1 aguacate, pelado, sin hueso y cortado en cubos
- 2 tomates, en cubos
- 1 pepino, cortado en cubos
- 1 cebolla amarilla, picada
- 2 cucharadas de jugo de lima fresco
- 2 cucharadas de cilantro, picado

Direcciones:
1. Calienta una sartén con el aceite a fuego medio, agrega la cebolla y el calabacín, mezcla y cocina por 5 minutos.
2. Agrega el resto de los ingredientes, mezcla, cocina por 5 minutos más, divide en platos y sirve.

Nutrición: calorías 290, grasas 11,2, fibra 6,1, carbohidratos 14,7, proteínas 5,6

Mezcla de manzanas y repollo

Tiempo de preparación: 5 minutos
Tiempo de cocción: 0 minutos
Porciones: 4

Ingredientes:
- 2 manzanas verdes, sin corazón y cortadas en cubos
- 1 cabeza de col lombarda, rallada
- 2 cucharadas de vinagre balsámico
- ½ cucharadita de semillas de alcaravea
- 2 cucharadas de aceite de oliva
- Pimienta negra al gusto

Direcciones:
1. En un bol, combine el repollo con las manzanas y otros ingredientes, mezcle y sirva como ensalada.

Nutrición: calorías 165, grasas 7,4, fibra 7,3, carbohidratos 26, proteínas 2,6

Remolachas Asadas

Tiempo de preparación: 10 minutos
Tiempo de cocción: 30 minutos
Porciones: 4

Ingredientes:
- 4 remolachas, peladas y cortadas en cuartos
- 2 cucharadas de aceite de oliva
- 2 dientes de ajo, picados
- Una pizca de pimienta negra
- ¼ de taza de perejil picado
- ¼ de taza de nueces picadas

Direcciones:
1. En una fuente para horno, combine las remolachas con el aceite y otros ingredientes, revuelva para cubrir, coloque en el horno a 420 grados F, hornee por 30 minutos, divida en platos y sirva como acompañamiento.

Nutrición: calorías 156, grasas 11,8, fibra 2,7, carbohidratos 11,5, proteínas 3,8

repollo eneldo

Tiempo de preparación: 10 minutos
Tiempo de cocción: 15 minutos
Porciones: 4

Ingredientes:
- 1 libra de repollo verde, rallado
- 1 cebolla amarilla, picada
- 1 tomate, en cubos
- 1 cucharada de eneldo, picado
- Una pizca de pimienta negra
- 1 cucharada de aceite de oliva

Direcciones:
1. Calienta una sartén con el aceite a fuego medio, agrega la cebolla y sofríe por 5 minutos.
2. Agrega el repollo y el resto de los ingredientes, mezcla, cocina a fuego medio por 10 minutos, divide en platos y sirve.

Nutrición: calorías 74, grasas 3,7, fibra 3,7, carbohidratos 10,2, proteínas 2,1

Ensalada de repollo y zanahoria

Tiempo de preparación: 5 minutos
Tiempo de cocción: 0 minutos
Porciones: 4

Ingredientes:
- 2 chalotes, picados
- 2 zanahorias ralladas
- 1 cabeza grande de col lombarda, rallada
- 1 cucharada de aceite de oliva
- 1 cucharada de vinagre rojo
- Una pizca de pimienta negra
- 1 cucharada de jugo de lima

Direcciones:
1. En un bol, combine el repollo con las chalotas y otros ingredientes, mezcle y sirva como ensalada.

Nutrición: calorías 106, grasas 3,8, fibra 6,5, carbohidratos 18, proteínas 3,3

Salsa de tomate y aceitunas

Tiempo de preparación: 10 minutos
Tiempo de cocción: 0 minutos
Porciones: 6

Ingredientes:
- 1 libra de tomates cherry, cortados por la mitad
- 2 cucharadas de aceite de oliva
- 1 taza de aceitunas kalamata, sin hueso y partidas por la mitad
- Una pizca de pimienta negra
- 1 cebolla morada, picada
- 1 cucharada de vinagre balsámico
- ¼ de taza de cilantro, picado

Direcciones:
1. En un bol, combine los tomates con las aceitunas y otros ingredientes, mezcle y sirva como ensalada.

Nutrición: calorías 131, grasas 10,9, fibra 3,1, carbohidratos 9,2, proteínas 1,6

ensalada de calabacín

Tiempo de preparación: 4 minutos
Tiempo de cocción: 0 minutos
Porciones: 4

Ingredientes:
- 2 calabacines, cortados con un espiralizador
- 1 cebolla morada, en rodajas
- 1 cucharada de pesto de albahaca
- 1 cucharada de jugo de limón
- 1 cucharada de aceite de oliva
- ½ taza de cilantro, picado
- Pimienta negra al gusto

Direcciones:
1. En una ensaladera combine el calabacín con la cebolla y los demás ingredientes, mezcle y sirva.

Nutrición: calorías 58, grasas 3,8, fibra 1,8, carbohidratos 6, proteínas 1,6

Ensalada De Zanahoria Al Curry

Tiempo de preparación: 4 minutos
Tiempo de cocción: 0 minutos
Porciones: 4

Ingredientes:
- 1 libra de zanahorias, peladas y ralladas gruesas
- 2 cucharadas de aceite de aguacate
- 2 cucharadas de jugo de limón
- 3 cucharadas de semillas de sésamo
- ½ cucharadita de curry en polvo
- 1 cucharadita de romero, seco
- ½ cucharadita de comino molido

Direcciones:
1. En un bol combina las zanahorias con el aceite, el jugo de limón y los demás ingredientes, mezcla y sirve frío como guarnición.

Nutrición: calorías 99, grasas 4,4, fibra 4,2, carbohidratos 13,7, proteínas 2,4

Ensalada de lechuga y remolacha

Tiempo de preparación: 5 minutos
Tiempo de cocción: 0 minutos
Porciones: 4

Ingredientes:
- 1 cucharada de jengibre rallado
- 2 dientes de ajo, picados
- 4 tazas de lechuga romana, desmenuzada
- 1 remolacha, pelada y rallada
- 2 cebollas verdes, picadas
- 1 cucharada de vinagre balsámico
- 1 cucharada de semillas de sésamo

Direcciones:
1. En un bol, combine la lechuga con el jengibre, el ajo y otros ingredientes, mezcle y sirva como guarnición.

Nutrición: calorías 42, grasas 1,4, fibra 1,5, carbohidratos 6,7, proteínas 1,4

Rábano a las finas hierbas

Tiempo de preparación: 5 minutos
Tiempo de cocción: 0 minutos
Porciones: 4

Ingredientes:
- 1 libra de rábanos rojos, cortados en cubos grandes
- 1 cucharada de cebollino, picado
- 1 cucharada de perejil, picado
- 1 cucharada de orégano, picado
- 2 cucharadas de aceite de oliva
- 1 cucharada de jugo de lima
- Pimienta negra al gusto

Direcciones:
1. En una ensaladera, combine los rábanos con el cebollino y los demás ingredientes, mezcle y sirva.

Nutrición: calorías 85, grasas 7,3, fibra 2,4, carbohidratos 5,6, proteínas 1

Mezcla de hinojo al horno

Tiempo de preparación: 5 minutos
Tiempo de cocción: 20 minutos
Porciones: 4

Ingredientes:
- 2 bulbos de hinojo, rebanados
- 1 cucharadita de pimentón dulce
- 1 cebolla morada pequeña, cortada en rodajas
- 2 cucharadas de aceite de oliva
- 2 cucharadas de jugo de lima
- 2 cucharadas de eneldo, picado
- Pimienta negra al gusto

Direcciones:
1. En una fuente para hornear, combine el hinojo con el pimentón y otros ingredientes, mezcle y hornee a 380 grados F durante 20 minutos.
2. Divida la mezcla en platos y sirva.

Nutrición: calorías 114, grasas 7,4, fibra 4,5, carbohidratos 13,2, proteínas 2,1

Morrones asados

Tiempo de preparación: 10 minutos
Tiempo de cocción: 30 minutos
Porciones: 4

Ingredientes:
- 1 libra de pimientos mixtos, cortados en cuartos
- 1 cebolla morada, en rodajas finas
- 2 cucharadas de aceite de oliva
- Pimienta negra al gusto
- 1 cucharada de orégano, picado
- 2 cucharadas de hojas de menta, picadas

Direcciones:
1. En una fuente para asar, combine los pimientos con la cebolla y otros ingredientes, revuelva y cocine a 380 grados F durante 30 minutos.
2. Divida la mezcla en platos y sirva.

Nutrición: calorías 240, grasas 8,2, fibra 4,2, carbohidratos 11,3, proteínas 5,6

Salteado de dátiles y repollo

Tiempo de preparación: 5 minutos
Tiempo de cocción: 15 minutos
Porciones: 4

Ingredientes:
- 1 libra de repollo rojo, rallado
- 8 dátiles, deshuesados y rebanados
- 2 cucharadas de aceite de oliva
- ¼ de taza de caldo de verduras bajo en sodio
- 2 cucharadas de cebollino, picado
- 2 cucharadas de jugo de limón
- Pimienta negra al gusto

Direcciones:
1. Calienta una sartén con el aceite a fuego medio, agrega el repollo y los dátiles, mezcla y cocina por 4 minutos.
2. Agrega el caldo y los demás ingredientes, mezcla, cocina a fuego medio por otros 11 minutos, divide en platos y sirve.

Nutrición: calorías 280, grasas 8,1, fibra 4,1, carbohidratos 8,7, proteínas 6,3

Frijoles negros mixtos

Tiempo de preparación: 4 minutos
Tiempo de cocción: 0 minutos
Porciones: 4

Ingredientes:
- 3 tazas de frijoles negros enlatados, sin sal agregada, escurridos y enjuagados
- 1 taza de tomates cherry, cortados por la mitad
- 2 chalotes, picados
- 3 cucharadas de aceite de oliva
- 1 cucharada de vinagre balsámico
- Pimienta negra al gusto
- 1 cucharada de cebollino, picado

Direcciones:
1. En un bol, combine los frijoles con los tomates y otros ingredientes, mezcle y sirva frío como guarnición.

Nutrición: calorías 310, grasas 11,0, fibra 5,3, carbohidratos 19,6, proteínas 6,8

Mix de aceitunas y escarola

Tiempo de preparación: 4 minutos
Tiempo de cocción: 0 minutos
Porciones: 4

Ingredientes:
- 2 cebolletas, picadas
- 2 endibias ralladas
- 1 taza de aceitunas negras, deshuesadas y en rodajas
- ½ taza de aceitunas kalamata, sin hueso y en rodajas
- ¼ de taza de vinagre de manzana
- 2 cucharadas de aceite de oliva
- 1 cucharada de cilantro, picado

Direcciones:
1. En un bol combinar las endivias con las aceitunas y el resto de ingredientes, mezclar y servir.

Nutrición: calorías 230, grasas 9,1, fibra 6,3, carbohidratos 14,6, proteínas 7,2

Ensalada de tomate y pepino

Tiempo de preparación: 5 minutos
Tiempo de cocción: 0 minutos
Porciones: 4

Ingredientes:
- ½ libra de tomates, en cubos
- 2 pepinos, rebanados
- 1 cucharada de aceite de oliva
- 2 cebolletas, picadas
- Pimienta negra al gusto
- Zumo de 1 lima
- ½ taza de albahaca, picada

Direcciones:
1. En una ensaladera combinar los tomates con el pepino y los demás ingredientes, mezclar y servir frío.

Nutrición: calorías 224, grasas 11,2, fibra 5,1, carbohidratos 8,9, proteínas 6,2

www.ingramcontent.com/pod-product-compliance
Lightning Source LLC
Chambersburg PA
CBHW050351120526
44590CB00015B/1646